図解ポケット

Shuwasystem
A book to explain
with figure
: Library

令和6年義務化に対応!

相続登記手続きがよくわかる本

わかりやすい記入例付き!

OKAZUMI Sadahiro
岡住 貞宏 著

秀和システム

はじめに

　所有者不明土地問題を背景に、相続を原因とする所有権移転登記（相続登記）を義務化する法改正がされました。改正法の施行日は令和6年4月ですが、本書執筆時点（令和4年12月）においてすでに影響は出ており、相続登記の件数は増加傾向にあります。

　相続に関する書籍は数多く出版されていますが、相続全般を取り扱う書籍、相続税対策・相続争いを避ける対策の書籍が目立ち、それらの書籍では相続登記に関する解説は不十分です。

　そこで相続登記に特化した書籍として本書を出版しました。本書の目的は、読者の方々が自分自身の力で相続登記の完了までこぎつけること、それに尽きます。

　専門家ではない一般の方々を読者に想定しているため、解説はわかりやすさを重視し、全体的な理解を妨げないよう、例外的な事項については記述を省略したところもあります。この点につきましては、特に本書を目にする専門家の方々にはご理解を願いたく存じます。

　また、読者の方々におかれましても、本書に解説のない事案である場合、どうしても難しいと感じる場合には、迷わず司法書士等の専門家に相談してくださいますようお願い申し上げます。

　本書を手に取られたみなさまの相続登記が無事に完了いたしますことを願ってやみません。

令和4年12月

司法書士　岡住貞宏

図解ポケット
令和6年義務化に対応!
相続登記手続きがよくわかる本

CONTENTS

③ ケース別・相続登記の手続き

相続登記の意味と
義務化

　令和6年4月から相続登記が義務化されます。そもそも相続登記とは何でしょうか？　それが義務化されると私たちにどのような影響があるのでしょうか？　本章では相続登記とその義務化について、基本的な疑問に答えていきます。

そもそも相続って何？

相続という言葉はよく耳にしますが、その正確な意味はあまり理解されていません。相続とは、そもそもいったい何なのでしょうか？

1 人の死亡を原因とする権利と義務の承継

相続とは、ある人が死亡したとき、死亡した人が有していた**権利**（財産など）と**義務**（借金など）を、別の人が承継することです＊。相続は、人（自然人）が死亡したとき以外には起こりません。なお、人が死亡して相続が起こることを、相続が「開始する」といいます。

2 被相続人と相続人

相続が開始したとき、死亡した人を**被相続人**といい、権利と義務を承継する人を**相続人**といいます。被相続人とどのような関係にある人が相続人となるかは、法律に定められています（後で詳しく説明します）。被相続人と相続人という言葉は、本書でこの後、何度も使用する言葉ですので、ここで覚えてください。

3 どんな権利と義務を承継するのか？

相続人は、原則として、被相続人が死亡時に有していた「一切の権利義務」を承継します。一切の「権利」には、不動産の所有権、預貯金、株式などおよそすべての**財産権**が含まれます。

＊…ことです　相続により権利や義務を「承継する」ことを「相続する」といいます。「○○さんは父から土地を相続によって承継した」＝「○○さんは父から土地を相続した」というような言い方です。この言葉も、本書でこの後、何度も使用しますので覚えてください。

「義務」とは借金や損害賠償金などのおよそすべての**債務**が含まれます。

ただし、年金受給権などの「被相続人の一身に専属した」権利や義務は、相続による承継の対象とはなりません。

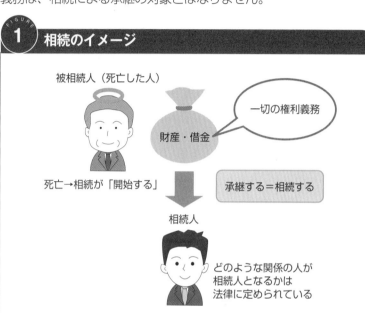

FIGURE 1 相続のイメージ

被相続人（死亡した人）

財産・借金

一切の権利義務

死亡→相続が「開始する」

承継する＝相続する

相続人

どのような関係の人が
相続人となるかは
法律に定められている

▼相続の対象？

対象となる権利義務	対象とならない権利義務
「対象とならない権利義務」を除くすべての権利義務	被相続人の一身に専属した権利義務（性質上本人のみに認められた権利義務）
（例）金銭、預貯金、株式など有価証券、貸付金、土地、建物、借地権、借家権、自動車、貴金属、書画骨董、家財道具、借金、連帯保証債務、未払の税金、損害賠償債務など	（例）会社の役員・従業員の地位、年金受給権、生活保護受給権、代理権、身元保証人の地位など

CHAPTER
1
2

相続登記とは?

相続の意味がわかったところで、相続登記とはいったい何なの
でしょうか?

1 相続を原因とする所有権移転登記

相続が開始すると、相続人は被相続人が死亡時に有していた「一
切の権利義務」を相続します。「一切の権利」には、当然、**不動産**(土
地と建物)に関する所有権などの権利も含まれます＊。

不動産の所有者は、登記記録に所有者として住所・氏名が記録さ
れています。不動産の所有者が死亡したときには、その不動産を相
続した相続人が**所有権移転登記**を申請し、自分が所有者になったこ
と(所有者として自分の住所・氏名)を記録しなければなりません。

この相続を原因とする所有権移転登記を、**相続登記**といいます。

一般的には「(相続による)**名義書き換え**」といったりしますが、
それが相続登記です。

2 相続登記はどこでするのか?

相続登記は、対象となる不動産を管轄する**法務局**または**地方法務
局**＊に**登記申請書**および**添付書類**を提出して行います＊。管轄につい
ては、法務局のホームページで調べることができます。

＊…**含まれます** 相続が開始した場合に、被相続人が所有権以外の不動産の権利(地上権、抵当権、賃借権など)
を持っていたときには、それらの権利も相続の対象となります。その場合、それらの権利移転登記を行う必要も
ありますが、本書では取り扱いません。

＊**法務局または地方法務局** 本書では以下「法務局」といいます。

＊…**して行います** 登記申請は登記申請書(書面)を提出する方法のほか、オンライン申請によって行う方法もあ
ります。本書では、登記申請書を提出する方法に限って説明します。

FIGURE
2 相続登記

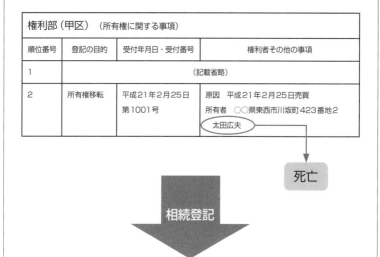

権利部（甲区）（所有権に関する事項）			
順位番号	登記の目的	受付年月日・受付番号	権利者その他の事項
1	(記載省略)		
2	所有権移転	平成21年2月25日 第1001号	原因　平成21年2月25日売買 所有者　○○県東西市川坂町423番地2 太田広夫

死亡

相続登記

2	所有権移転	平成21年2月25日 第1001号	原因　平成21年2月25日売買 所有者　○○県東西市川坂町423番地2 太田広夫
3	所有権移転	令和4年4月1日 第2001号	原因　令和2年4月1日相続 所有者　○○県東西市中町1番地9 太田昴

相続を原因とする
所有権移転登記

相続登記が義務化！

相続登記は必ずしなければならないのでしょうか？　亡くなった被相続人の名義のままにしておいてはいけないのでしょうか？

1 法律によって相続登記が義務化された！

　法律の改正によって、令和6年4月1日から相続登記が義務となりました。

　「義務となった」とは、不動産の所有者に相続が開始した場合に、原則として「相続登記を行わなければならない」、つまり「被相続人の名義のままにしておいてはいけない」という意味です。

　「令和6年4月1日から」という期日は、その日から義務になるという意味です。その日以降は、その日よりも「前に」開始した相続でも、義務の対象です。

　つまり、長年にわたって相続登記を放っておいた不動産も、義務の対象となります。

2 書籍等の記述に注意

　実は、不動産登記制度の開始（明治期）以来、相続登記はずっと義務ではありませんでした。今まで「相続登記は義務ではない」という記述のある書籍等がたくさん発行されていますが、上記のとおり令和6年4月1日からは義務となりましたので、ご注意ください。

　相続に関する書籍は、発行年月日をよくご確認ください。

FIGURE 3 相続登記の義務化と注意点

「相続登記が義務となった」とは？

・相続登記を行わなければならない

　つまり

・被相続人の名義のままにしておいてはいけない

昔の書籍では「相続登記は義務ではない」と
書かれている

相続登記の書籍は
発行年月日に注意!

相続登記はなぜ義務化？

ずっと義務ではなかった相続登記が、なぜいま義務化されることになったのでしょうか？

1 所有者不明土地問題

不動産登記制度は、土地・建物の権利関係を公示（明らかにする）ことを目的としています。しかし、長年にわたって制度が運用されてきた結果、所有者の多くに相続が開始した一方、相続登記は十分に行われてこなかったため、登記記録を見ても所有者が直ちに判明しない土地が多数生じることとなりました。

これが**所有者不明土地問題**です。

あまりに所有者不明土地が多いと、公共事業や防災・復興事業、土地取引などに支障を生じます。

そこで相続登記を義務化し、所有者不明土地の解消に資することとしたのが、この法律改正です。

2 所有者の住所等の変更登記も義務化

所有者不明土地には、相続登記がされないことで生じる所有者不明となる土地のほかに、登記した所有者の住所が変更になったこと（その変更登記がされないこと）で所有者不明となる土地もあります。

所有者不明土地解消のため、法律の改正によって、相続登記のほか所有者の住所等の変更登記についても義務化されることとなりました。ただし、住所等の変更登記については、本書では解説しません。

4 住所等の変更登記の義務化

権利部（甲区）（所有権に関する事項）			
順位番号	登記の目的	受付年月日・受付番号	権利者その他の事項
1	(記載省略)		
2	所有権移転	平成21年2月25日 第1001号	原因　平成21年2月25日売買 所有者　○○県東西市川坂町423番地2 太田広夫

所有者に
連絡がつかない

住所が変更になっているのに
変更登記をしていない人も多い

住所の変更登記も義務化！

所有者不明土地は
公共事業や防災の支障に!

15

いつまでに相続登記をしなければならない？

相続登記はいつまでにしなければならないのでしょうか？

1 相続開始を知った日から3年以内

　相続によって不動産を取得した相続人は、その所有権の取得を知った日から3年以内に相続登記の申請をしなければなりません。被相続人が「死亡した日」からではなく、相続による不動産の所有権の取得を「知った日」から3年ですので、ご注意ください。

2 法改正前の相続では令和6年4月1日から3年以内

　相続登記の義務は法改正前に開始した相続にも適用されます。この場合、原則として法改正日である令和6年4月1日から3年以内に相続登記の申請をしなければなりません。ただし、法改正日に相続による不動産の所有権の取得を知らなかった場合には、それを知った日から3年以内に相続登記の申請をしなければなりません。

FIGURE 5 相続登記の期限

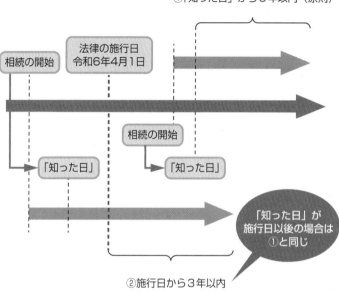

相続登記は3年以内に

①「知った日」から3年以内（原則）

相続の開始

法律の施行日
令和6年4月1日

「知った日」

相続の開始

「知った日」

②施行日から3年以内

「知った日」が
施行日以後の場合は
①と同じ

※「知った日」とは「相続により不動産を取得したことを知った日」のこと

法律の施行日と「知った日」の
前後によって3年の基点が違う

6 相続登記をしないとどうなる？

義務である相続登記をしないとどうなるのでしょうか？ どんな不利益があるのでしょうか？

1 10万円以下の過料

定められた期限内に相続登記の申請をしなかった場合、不動産を取得した相続人は10万円以下の**過料**（一種の「罰金」）を科せられると定められました。正当な理由がある場合には過料の対象とはなりませんが、「相続人の間で話がつかなかった」などの理由は、正当なものとは認められません。話がつかなくても、相続人全員の共有による相続登記や、次に説明する相続人申告登記が可能だからです。「過料に処せられることを知らなかった」も認められません。

2 過料は誰から命じられる？

過料は一種の「罰金」ですので、裁判所から支払いを命じられます。どの程度厳しく取り扱われるのかは今後の運用次第ですが、法律改正の趣旨からして、かなりの厳しさをもって運用されるものと考えられています。

FIGURE 6 相続登記をしなかった場合の罰則

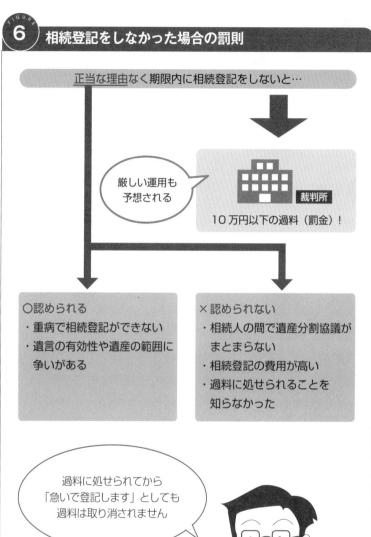

正当な理由なく期限内に相続登記をしないと…

厳しい運用も予想される

裁判所

10万円以下の過料（罰金）！

○認められる
・重病で相続登記ができない
・遺言の有効性や遺産の範囲に
　争いがある

×認められない
・相続人の間で遺産分割協議が
　まとまらない
・相続登記の費用が高い
・過料に処せられることを
　知らなかった

過料に処せられてから
「急いで登記します」としても
過料は取り消されません

相続人申告登記

期限内に相続登記をするのが難しい場合、過料を支払うよりほかないのでしょうか？　何か代替手段はないのでしょうか？

1 相続人申告登記

　相続登記の申請義務を負う相続人は、①不動産の登記名義人（所有者）について相続が開始した旨と、②自らがその相続人である旨の申出をすることができ、その場合、申出した相続人の住所・氏名が所有権の登記に付記されます。これを**相続人申告登記**といいます。

2 相続登記の「代わり」にはならない

　相続登記の申請義務の期限内に相続人申告登記をした場合、過料に処せられることはありません。ただし、相続人申告登記はあくまでも「過料を回避する」という効果しかなく、相続登記の「代わり」にはなりません。不動産の相続人が所有者であることを公示するためには、後日、改めて相続登記を行う必要があります。

3 相続人申告登記の方法

　相続人申告登記の申出は、所定の申出書に必要事項を記載し、被相続人が死亡したことを証する戸籍（除籍）謄本および申出人が相続人であることを証する戸籍謄本・住民票等とともに、不動産を管轄する法務局に提出することで行います。

FIGURE 7 相続人申告登記の記載例

権利部（甲区）（所有権に関する事項）			
順位番号	登記の目的	受付年月日・受付番号	権利者その他の事項
1		(記載省略)	
2	所有権移転	平成21年2月25日 第1001号	原因　平成21年2月25日売買 所有者　○○県東西市川坂町423番地2 太田広夫 ── 死亡
付記1号	相続人申告	申告人	原因　令和2年4月1日相続開始 太田広夫の申告相続人 　○○県東西市川坂町423番地2 太田緑 　○○県東西市楠木町500番地5 桐生桜 令和6年4月2日付記
付記2号	相続人申告	申告人	原因　令和2年4月1日相続開始 太田広夫の申告相続人 　○○県東西市中町1番地9 太田昴 令和6年6月2日付記

相続人申告登記
・所定の申出書
・戸籍謄本等
・住民票等

過料を回避する効果はあるが
相続登記の「代わり」にはならない

MEMO

CHAPTER

2

相続登記のための
基礎知識

　相続登記とは相続を原因とする所有権移転登記のこと。それを行うためには相続と不動産に関する基礎知識が必要です。本章では相続登記の基礎知識について解説していきます。

1 相続とは何か？　の復習

　本書の冒頭、第1章の1で相続について簡単に説明しましたが、とても重要なポイントなので、本章のはじめに箇条書きで復習します。

1 相続とは？

● 相続とは、ある人が死亡したとき、死亡していた人が有していた権利（財産など）と義務（借金など）を、別の生きている人が承継すること。

● 人が死亡して相続が起こることを、相続が「開始する」という。

2 被相続人と相続人

● 相続が開始したとき、死亡した人を被相続人といい、被相続人から権利と義務を承継する人を相続人という。

● 被相続人とどのような関係にある人が相続人となるかは、法律（民法）に定められている。

3 相続する権利と義務

● 相続人は、原則として、被相続人が死亡したときに有していた一切の権利と義務を承継する。

● 相続人が被相続人の有していた権利と義務を承継することを、「相続する」という。

FIGURE 1 「相続とは何か？」の復習

被相続人（死亡した人）

財産・借金

一切の権利義務

死亡→相続が「開始する」

承継する＝相続する

相続人

どのような関係の人が
相続人となるかは
法律に定められている

被相続人、相続人、
一切の権利義務、
相続が「開始」する——
これらが相続手続きの
キーワードです

法定相続人とは？

被相続人とどのような関係にある人が相続人となるかは、法律
（民法）に定められています。具体的な設例に沿って解説します。

1 法定相続人とは？

　ある人（被相続人）が亡くなったとき、誰が相続人となるべき地
位にあるのかは法律（民法）によって決まっています。法律によっ
て定められた相続人という意味で**法定相続人***といいます。誰が法
定相続人になるのかについての法律知識がないと、相続登記をする
ことができません。

2 すべてを網羅して覚える必要はない

　しかし、法定相続人に関する法律の規定をすべて網羅して覚える
必要はありません。要は「自分は（自分に生じた相続のケースでは）
誰が相続人になるのか？」がわかればよいのです。

　本書では具体的な設例を挙げて法定相続人の範囲を解説しますの
で、ご自身のケースはどれに当てはまるのかについて、よく見きわ
めてください。

＊**相続人**　「相続人」と「法定相続人」の使い分けには、実は微妙なきまりがあります。細かい違いについては解説
しませんが、あまり厳密に考えなくても文脈の理解には問題ないことが多いです。本書でも以降、特に断りなく「相
続人」と「法定相続人」の記述が混在することがありますが、ご了解ください。

3 法定相続人の「4ルール・プラス1&2」

　法定相続人に関する一般的なルールとして、法律では下に掲げる「4ルール・プラス1&2」が定められています。このルールがどのように適用されるのかについても、具体的な設例の中で解説していきます。

FIGURE 2 法定相続人の4ルール・プラス1&2

ルール1
被相続人の配偶者（夫から見た妻、妻から見た夫）は、常に法定相続人となる。

ルール2
配偶者以外の法定相続人は、第1順位：被相続人の子、第2順位：被相続人の父・母（直系尊属）、第3順位：被相続人の兄弟姉妹である。

ルール3
ルール2で先の順位の者が（1人でも）いる場合、後の順位の者は法定相続人とならない。

ルール4
被相続人よりも先に（または被相続人と同時に）死亡した者は、法定相続人とならない。

プラス1
子（第1順位）または兄弟姉妹（第3順位）が法定相続人となるべき場合に、被相続人よりも先に死亡した子または兄弟姉妹に子（等）がいるときには、**代襲相続人**となる。

プラス2
相続放棄をした者は、初めから相続人にならなかったものとみなす。

- 被相続人に子がいる場合は、子が法定相続人となります。 ルール2
  子が複数いる場合には、その全員が法定相続人です。
  子の性別、結婚等で姓が変わっているかどうかなどは関係ありません。

- 子が法定相続人となる場合に、被相続人に配偶者（夫から見た妻、妻から見た夫）がいる（生存している）ときには、配偶者も法定相続人となります。 ルール1

- 被相続人より先に（または被相続人と同時に）亡くなった子は、法定相続人になりません。 ルール4 ただし、代襲相続人がいる可能性があります。 プラス1

- ケース1に該当する場合、ケース2およびケース3のことは原則として考える必要がありません。 ルール3

　ケース1における被相続人・太田広夫の法定相続人は、妻・太田緑、長女・桐生桜、長男・太田昴です。
　ケース1で妻・太田緑が被相続人・太田広夫よりも先に死亡している場合には、法定相続人は長女・桐生桜、長男・太田昴です。
　なお、各法定相続人の法定相続分については、71ページで解説します。

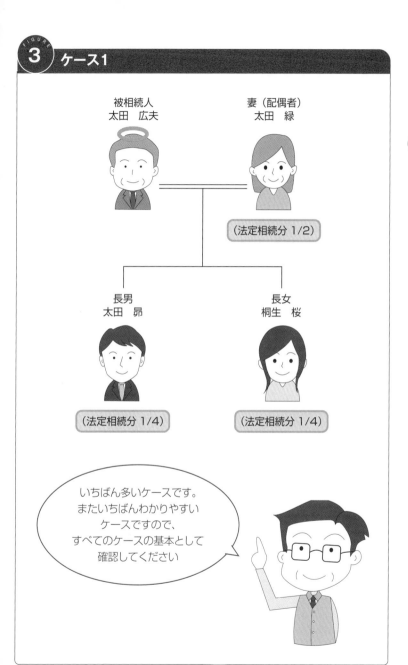

FIGURE 3 ケース1

被相続人
太田　広夫

妻（配偶者）
太田　緑

（法定相続分 1/2）

長男
太田　昴

長女
桐生　桜

（法定相続分 1/4）

（法定相続分 1/4）

いちばん多いケースです。
またいちばんわかりやすい
ケースですので、
すべてのケースの基本として
確認してください

ケース2：被相続人に子がおらず父・母（直系尊属）が
いる場合

● 被相続人に子がいないが、父・母が生存している場合、父・母が
法定相続人となります。 ルール2

父・母が複数いる場合には、その全員が法定相続人です。

父・母が離婚していても関係ありません。

被相続人に「子がいない」場合とは、被相続人が生涯1度も子を
持たなかった場合のほか、子を持ったことがあるが子の全員が被
相続人より先に（または被相続人と同時に）死亡した場合のこと
です。ただし、子に代襲相続人 プラス1 がいるときには、ケー
ス2に該当しません（ケース1になります）。

● 父・母が法定相続人となる場合に、被相続人に配偶者（夫から見
た妻、妻から見た夫）がいる（生存している）ときには、配偶者
も法定相続人となります。 ルール1

● 父・母のいずれかが被相続人よりも先に（または被相続人と同時
に）死亡しているときには、父・母のうち生存している者だけが
法定相続人となります。 ルール4

レアなケースですが、被相続人に子がおらず、父・母の全員が被
相続人よりも先に（または被相続人と同時に）死亡している場合
で、祖父・祖母のうちに生存している者がいる場合には、祖父・
祖母のうちの生存している者（複数いる場合にはその全員）が法
定相続人になります。

● ケース2に該当する場合、ケース3のことは原則として考える必要がありません。 ルール3

　ケース2における被相続人・高崎達彦の法定相続人は、妻・高崎さおり、母・高崎良枝です。

　ケース2で妻・高崎さおりが被相続人・高崎達彦よりも先に死亡している場合には、法定相続人は母・高崎良枝だけです。

　なお、各法定相続人の法定相続分については、71ページで解説します。

FIGURE
4　ケース2

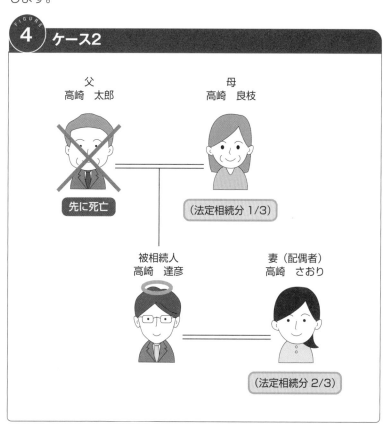

父
高崎　太郎

母
高崎　良枝

先に死亡

（法定相続分 1/3）

被相続人
高崎　達彦

妻（配偶者）
高崎　さおり

（法定相続分 2/3）

ケース3：被相続人に子も父・母（直系尊属）もおらず 兄弟姉妹がいる場合

- 被相続人に子も父・母（直系尊属）もいないが、兄弟姉妹がいる 場合、兄弟姉妹が法定相続人となります。 ルール2

  兄弟姉妹が複数いる場合には、その全員が法定相続人です。

  兄弟姉妹には父母を同じくする者のほか、父のみまたは母のみを 同じくする者を含みます。

  被相続人に「子がいない」場合とは、被相続人が生涯1度も子を 持たなかった場合のほか、子を持ったが子の全員が被相続人より 先に（または被相続人と同時に）死亡した場合のことです。ただし、 子に代襲相続人 プラス1 がいるときには、ケース3に該当しませ ん（ケース1になります）。

  被相続人に「父・母（直系尊属）がいない」場合とは、被相続人 の父・母（直系尊属）の全員が被相続人よりも先に（または被相 続人と同時に）死亡した場合のことです。

- 兄弟姉妹が法定相続人となる場合に、被相続人に配偶者（夫から 見た妻、妻から見た夫）がいる（生存している）ときには、配偶 者も法定相続人となります。 ルール1

- 被相続人より先に（または被相続人と同時に）亡くなった兄弟姉 妹は、法定相続人になりません。 ルール4 ただし、代襲相続人 がいる場合があります。 プラス1

　ケース3における被相続人・前橋朔男の法定相続人は、妻・前橋竹子、姉・伊勢崎花子、弟・前橋満男です。

　ケース3で妻・前橋竹子が被相続人・前橋朔男よりも先に死亡している場合には、法定相続人は姉・伊勢崎花子、弟・前橋満男です。

　なお、各法定相続人の法定相続分については、72ページで解説します。

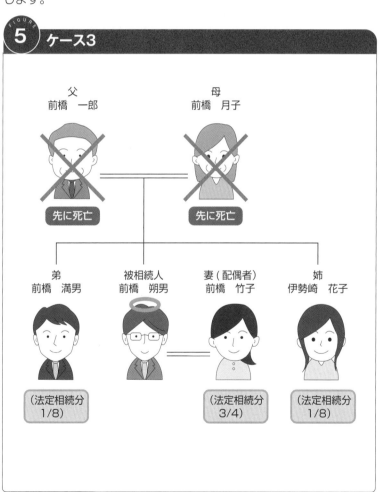

FIGURE
5　ケース3

父
前橋　一郎

母
前橋　月子

先に死亡

先に死亡

弟
前橋　満男

被相続人
前橋　朔男

妻（配偶者）
前橋　竹子

姉
伊勢崎　花子

（法定相続分
1/8）

（法定相続分
3/4）

（法定相続分
1/8）

養親子の関係

　法定相続人に関するケース1からケース3の上記解説で、実は説明していない重要事項があります。それは**養子・養親**のことです。

　法律上、養子縁組をすることによって「養子は、養親の**嫡出子**の身分を取得する」と規定されています。「嫡出子」とは「婚姻関係にある父母の間に生まれた子」という意味です。相続の場面では、「養親・養子は、実親・実子と同じに扱う」と考えておけばよいでしょう。

　ケース1で、被相続人・太田広夫に養子がいれば、長女・桐生桜、長男・太田昴と同じ「子」の扱いで法定相続人となります。子が3人いるのと同じです。

　ケース2で、被相続人・高崎達彦が誰かの養子となっていた場合（高崎達彦が誰かの養親となっていた場合とは異なります）には、その養親は、生存していれば実母・高崎良枝と同じ「親」の扱いで法定相続人となります。

　ケース3で、被相続人である前橋満男の父・前橋一郎、母・前橋月子の一方または両方と養子縁組をしていた養子がいれば、その養子は実姉・伊勢崎花子および実弟・前橋満男と同じ「兄弟姉妹」の扱いで法定相続人となります。ただし、法定相続分は、父母の両方と養子縁組していた場合と一方と養子縁組していた場合で異なります（69ページ参照）。

　養親子は、当事者の合意または裁判所における審判・裁判によって離縁する（養親子関係を解消する）ことがあり、離縁した以降に開始した相続においては、離縁した養親子の間に相続関係を生じることはありません。

代襲相続人とは？

法定相続人に関する重要なルール プラス1 の代襲相続人について説明します。

1 代襲相続人が生じる条件

代襲相続人は、次の条件で生じます。

①第1順位の法定相続人となるべき子が被相続人より先に（または被相続人と同時に）死亡している場合、死亡した子にさらに子（被相続人から見た孫）がいるときに、その者（被相続人から見た孫）が代襲相続人となります。

子の子（被相続人から見た孫）も被相続人より先に（または被相続人と同時に）死亡している場合には、死亡した子の子（被相続人から見た孫）の子（被相続人から見たひ孫）がいるときに、その者（被相続人から見たひ孫）が代襲相続人となります。

②第3順位の法定相続人となるべき兄弟姉妹が被相続人より先に（または被相続人と同時に）死亡している場合、死亡した兄弟姉妹に子（被相続人から見たおい・めい）がいるときに、その者（被相続人から見たおい・めい）が代襲相続人となります。

2 代襲相続人も被相続人の法定相続人

代襲相続人は、本来法定相続人となるべきであった者（代襲相続人から見たら父母）に代わってその地位を承継する者ですが、被相続人の直接の法定相続人であることに違いはありません。

❸ 父母（直系尊属）と配偶者に代襲相続人はいない

　代襲相続人が生じるのは、法定相続人に関する第1順位の子、第3順位の兄弟姉妹だけで、第2順位の父母（直系尊属）および配偶者には生じません。また、上記①で被相続人より先に死亡した子に配偶者がいても、上記②で被相続人より先に死亡した兄弟姉妹に配偶者がいても、それらの配偶者は代襲相続人ではありません。

　代襲相続人についてもケース別に見ていきましょう。

❹ 代襲相続のケース1：子が被代襲者

　被相続人・太田広夫の長男・太田昴が、被相続人よりも先に（または被相続人と同時に）死亡している場合、太田昴の長女・太田玲子、長男・太田健太郎（被相続人から見た孫）が二人とも代襲相続人となります。この場合、太田昴のことを**被代襲者**といいます。

　なお、この場合、太田昴に妻（配偶者）がいても、配偶者は代襲相続人ではありませんのでご注意ください。

　このケースで太田昴のみならず、太田健太郎（被相続人から見た孫）も被相続人より先に（または被相続人と同時に）死亡していて、太田健太郎に子がいるときには、その子（被相続人から見たひ孫）が代襲相続人となります。この関係は、ひ孫、玄孫（やしゃご）…と永遠に続きますが、実務的にはひ孫くらいまで考えておけば十分でしょう。

　なお、子の代襲相続人の法定相続分については、72ページで解説します。

6 代襲相続のケース1

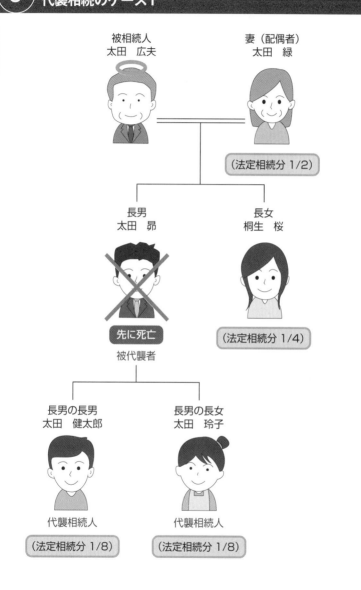

被相続人
太田 広夫

妻（配偶者）
太田 緑

（法定相続分 1/2）

長男
太田 昴

先に死亡

被代襲者

長女
桐生 桜

（法定相続分 1/4）

長男の長男
太田 健太郎

代襲相続人

（法定相続分 1/8）

長男の長女
太田 玲子

代襲相続人

（法定相続分 1/8）

5 代襲相続のケース2：兄弟姉妹が被代襲者

　被相続人・前橋朔男の姉・伊勢崎花子が、被相続人よりも先に（または被相続人と同時に）死亡している場合、伊勢崎花子の長男・伊勢崎真人が代襲相続人となります。この場合、伊勢崎花子のことを被代襲者といいます。

　なお、この場合、伊勢崎花子に夫（配偶者）がいても、配偶者は代襲相続人ではありませんのでご注意ください。

　第1順位の子の場合には、代襲相続人は孫、ひ孫、玄孫…と永遠に続く可能性があります。しかし、第3順位の兄弟姉妹の場合には、代襲相続人は子（被相続人から見たおい・めい）までです。例えば、このケースで伊勢崎花子のみならず、伊勢崎真人（被相続人から見たおい）も被相続人より先に（または被相続人と同時に）死亡していて、伊勢崎真人に子がいたとしても、その子は代襲相続人となりません。この点、子（第1順位）の代襲相続人との違いにご注意ください。

　なお、兄弟姉妹の代襲相続人の法定相続分については、73ページで解説します。

兄弟姉妹の代襲相続人は
1代限り（おい・めいまで）です

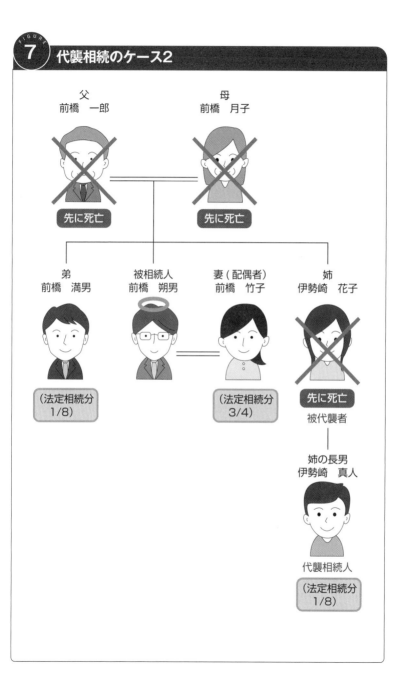

FIGURE 7 代襲相続のケース2

父
前橋 一郎

母
前橋 月子

先に死亡

先に死亡

弟
前橋 満男

被相続人
前橋 朔男

妻(配偶者)
前橋 竹子

姉
伊勢崎 花子

(法定相続分 1/8)

(法定相続分 3/4)

先に死亡

被代襲者

姉の長男
伊勢崎 真人

代襲相続人

(法定相続分 1/8)

養親子と代襲相続人

　先に解説した養親子の関係は、代襲相続人の関係においても難しい問題があります。

　第1順位の子が法定相続人となる場合を想定してみましょう。

　被相続人に養子がいて、その養子が被相続人より先に（または被相続人と同時に）死亡した場合に、養子に子がいればその子は代襲相続人となるのが原則です。この関係は、養子の子でも実子の子でも変わることがありません。

　しかし、養子の子が「養子縁組前に出生した」場合には、代襲相続人とならないのです。

　なぜこのようなことになるのか、詳しい理屈は省略しますが、法律の規定でそう定められています。

　離縁した養親子の間では、離縁した以降に開始した相続において相続関係を生じることがない、というのは先にも説明しました。したがって、被相続人と養子が離縁した場合には、その養子の子も代襲相続人になりません。このことは、被相続人が養子と死後離縁した場合でも同じです。離縁は養親・養子が共に生きている間だけでなく、一方の当事者が死亡した場合に、生存しているもう一方が家庭裁判所の許可を受けてすることもできます。

　養子が加わるだけで相続関係は複雑になるものですが、そこに代襲相続人まで加わるとなると、判断はかなり難しくなります。このような場合、司法書士等の専門家に相談した方がよいと思います。

▼養親子と代襲相続人

養親

令和4年死亡

↓ 平成10年養子縁組

養子

令和3年死亡

✖ 代襲相続人とならない

養子の実子

平成9年出生

養親

令和4年死亡

↓ 平成10年養子縁組

養子

令和3年死亡

○ 代襲相続人となる

養子の実子

平成11年出生

養親

令和4年死亡

✖ 平成10年養子縁組
　令和2年離縁

養子

令和3年死亡

✖ 代襲相続人とならない

養子の実子

平成11年出生

死亡日、出生日、離縁の日
前後関係に注意！

相続放棄とは？

法定相続人に関する重要なルール **プラス2** の相続放棄について説明します。

1 相続放棄とは？

　法定相続人は、必ず相続（被相続人の権利と義務を承継すること）を承諾しなければならないわけではなく、相続を放棄することもできます。**相続放棄**をした者は、初めから相続人にならなかったものとみなされます。**プラス2** したがって、相続放棄をした者は被相続人の有していたすべての権利と義務を承継しません（承継できません）。後で説明する**遺産分割協議**に参加することもできません。

　例えば、次のページのケースで子1が相続放棄をすると、子1だけが初めから相続人にならなかったものとみなされます。その結果、後で説明する法定相続分は子2と子3が各2分の1となり、遺産分割協議も子2・子3の2名で行います。

　相続放棄は、自分に相続の開始があったこと（自分が法定相続人となったこと）を知ったときから原則として3か月以内に、家庭裁判所にその旨を申述することによって行います。「遺産分割協議等によって被相続人の財産をもらわなかった」ことを「相続放棄した」と表現する人もいますが、それは用語が間違っており、相続放棄ではありません。「家庭裁判所で行っていない」ものは相続放棄ではありませんので、ご注意ください。

FIGURE 8 相続放棄のケース

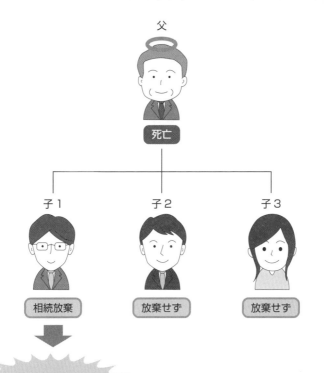

父

死亡

子1 相続放棄

子2 放棄せず

子3 放棄せず

初めから相続人に
ならなかったものとみなす

相続放棄は
・相続の開始を知った時から3か月以内に
・家庭裁判所で申述する
➡家庭裁判所で行っていないものは相続放棄ではない

❷ 相続放棄によって法定相続人の順位が変わる場合に注意！

　ある法定相続人が相続放棄をすることによって、法定相続人の順位が変わる場合があります。

　例えば、法定相続人が母と妻（配偶者）の2名の場合に、母（第2順位）が相続放棄をすると、母は「初めから相続人にならなかったもの」とみなされ、第3順位の兄弟姉妹が法定相続人となります。被相続人の母の立場では「被相続人の妻（嫁）のため、よかれと思って」相続放棄をしたつもりなのかもしれませんが、被相続人の兄弟姉妹を法定相続人とすることで、かえって遺産分割協議を難しくしてしまう場合があります。

　また、相続放棄は被相続人に多額の借金がある場合などに行うことが多いものですが、例えば「亡父に多額の借金がある」という理由で子の全員が相続放棄をすると、第2順位・第3順位の法定相続人にその多額の借金の請求が回り、トラブルを生じることがあります。この場合、第2順位・第3順位の法定相続人も全員相続放棄をすれば借金を免れるのですが、このように法定相続人の順位に変更を生じる可能性のあることは留意しておくべきでしょう。

よかれと思ってした相続放棄が
意図しない結果を生むことが
あります。相続放棄は慎重に
検討してから行ってください

FIGURE 9 相続放棄と相続の順位

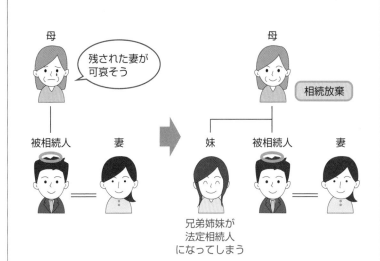

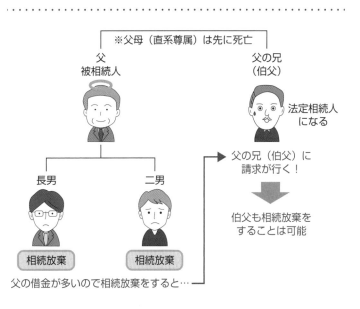

戸籍謄本等の調査と確認

法定相続人は戸籍謄本等を取得して調査し、確認します。ここでは戸籍謄本等について解説します。

1 法定相続人を「証明」することの必要性

被相続人について、誰が法定相続人であるのか理解できたとしても、「自分でわかっている」だけでは不足です。相続登記を申請するには、法務局に対し、第3章で詳しく解説する**相続証明書**を添付情報として提供する必要があります。相続証明書は、法務局（登記官）に対し、「誰（被相続人）について、いつ相続が開始し、法定相続人は誰で、法定相続人のうち誰が財産を取得したのか」を証明する書類です。

2 戸籍・戸籍謄本等とは何か？

戸籍については皆さんもある程度ご存知でしょうし、自分自身の戸籍謄本を見たこともあると思います。

戸籍とは、人の出生から死亡までの身分関係（家族関係）を記録した帳簿であり、本籍の所在地の市区町村役場が管理しています。

ある人が亡くなったときに「誰が法定相続人であるのか？」については、戸籍の記載事項をもって証明します。そのために使用するのが、戸籍の記載事項を市区町村長（市区町村役場）が証明する書面である**戸籍謄本等**です。

3 戸籍謄本等の種類

　上記では戸籍謄本「等」と書きましたが、その種類について説明します。本書では以下の**戸籍謄本、除籍謄本、改製原戸籍謄本**を総称して戸籍謄本等と呼びます。

①戸籍謄本（戸籍全部事項証明書）

　現に効力を有する戸籍の謄本です。現在、すべての市区町村で戸籍制度はコンピュータ化されていますので正確には**戸籍全部事項証明書**といいますが、昔ながらの「戸籍謄本」という呼び名がまだ使われており、今でもこちらの呼び名の方が通用しやすいようです。本書でも戸籍謄本という呼び名で統一します。なお、「謄本」というのは「1単位の戸籍」について「全部を写したもの」という意味で、「1単位の戸籍」について「一部を写したもの」という意味の**抄本**と区別してそう呼びます。相続登記に使う場合、原則として**謄本**を取得するようにしてください。「謄本」ではなく「抄本」でなければならないという場面はありませんが、その逆（「抄本」では不可という場面）はあるからです。なお、謄本でも抄本でも発行手数料は同じです。

②除籍謄本（除籍全部事項証明書）

　戸籍は、現在（戦後）は「夫婦と未婚の子」を1単位に編成されています。また、昔は「戸主と家」を1単位に編製されていました。この1単位の戸籍が、転籍や全員の死亡など何らかの理由（次の**改製**を除く）で閉じられた（**除籍**となった）ときに、「過去の戸籍の記録」として**除籍謄本**が発行されます。なお、戸籍がコンピュータ化された後に除籍となった場合、正式には**除籍全部事項証明書**といいますが、本書では除籍謄本という呼び名で統一します。

③改製原戸籍謄本

　戸籍は、法律等の改正により形式を変えることがあります。この場合、形式変更前の戸籍のことを**改製原戸籍**（かいせいげんこせき）といい、その謄本を**改製原戸籍謄本**といいます。なお、「げんこせき」という言い方は「現戸籍（現在の戸籍）」とまぎらわしいので、区別のため「はらこせき」と呼ばれることもあります。

　除籍謄本と改製原戸籍謄本は法律的には別個のものですが、相続登記を行うにあたっては厳密に区別せずに「昔の戸籍謄本」と考えて差しつかえありません。戸籍は何らかの原因で除籍となり何らかの原因で改製されるので、その都度、除籍謄本ができ改製原戸籍謄本ができるとお考えください。重要なのは、各戸籍謄本等の「つながり」です。戸籍謄本等の記載事項を注意して読んでください。

④ どの範囲の戸籍謄本等を取得するのか？

　被相続人についてその法定相続人を確認するためには、「被相続人の出生から死亡までの記載のある戸籍謄本等」を全部取得する必要があります。この「出生から死亡までの記載」という考え方は、相続登記においてとても重要な概念です。

　ある被相続人について、例えば「○○さんが子であるかどうか？」は、戸籍謄本等の一部だけでもわかるかもしれません。しかし、法定相続人である子の「全員」を確定させるためには、生まれてから死ぬまでの全部の戸籍の記載を見る必要があるのです。また、父母（直系尊属）または兄弟姉妹が法定相続人となるケースでは、逆に「被相続人に子がいない」ことを証明するために、やはり被相続人について生まれてから死ぬまでの全部の戸籍の記載を見る必要があります。

10 戸籍謄本等の種類

戸籍謄本等の種類	内容	簡単に言うと
1 戸籍謄本 (戸籍全部事項証明書)	戸籍の現在の事項の謄本	今の戸籍謄本
2 除籍謄本 (除籍全部事項証明書)	除籍となった (閉じられた) 戸籍の謄本	昔の戸籍謄本
3 改製原戸籍謄本	改製による変更前の戸籍の 謄本	

11 戸籍のつながり

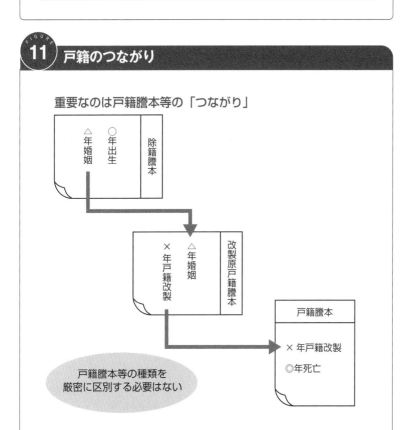

重要なのは戸籍謄本等の「つながり」

△年婚姻　○年出生　除籍謄本

×年戸籍改製　△年婚姻　改製原戸籍謄本

戸籍謄本
×年戸籍改製
◎年死亡

戸籍謄本等の種類を
厳密に区別する必要はない

兄弟姉妹が法定相続人となる場合には、被相続人の兄弟姉妹の「全員」を確定するため、被相続人の父母についても「出生から死亡までの記載のある戸籍謄本等」が必要です。さらに、（生きていれば）法定相続人となるべきであった子または兄弟姉妹のうち被相続人よりも先に死亡した者については、代襲相続人の「全員」を確定する（代襲相続人がいない場合には「いないこと」を確定する）ため、その者についても「出生から死亡までの記載のある戸籍謄本等」が必要になります。

　相続登記をするのにどの戸籍謄本等が必要なのかは、無論、人によって異なりますし、かなり難しい場合もあります。具体的な戸籍謄本等の例は、第3章（ステップ1：相続証明書を作成する）で解説します。

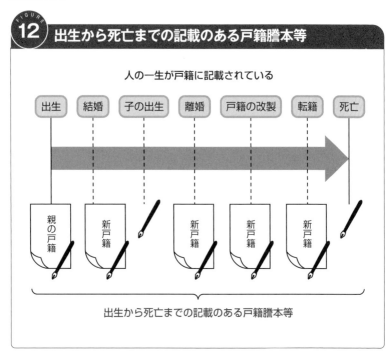

12 出生から死亡までの記載のある戸籍謄本等

人の一生が戸籍に記載されている

出生　結婚　子の出生　離婚　戸籍の改製　転籍　死亡

親の戸籍　新戸籍　新戸籍　新戸籍　新戸籍

出生から死亡までの記載のある戸籍謄本等

戸籍謄本等の取得

戸籍謄本等はどこでどのように取得したらよいのでしょうか？
その方法について解説します。

 本籍がある市区町村役所で取得

　戸籍謄本等は、取得しようとする戸籍謄本等の対象者の本籍がある市区町村役所・役場（以下「役所」で統一）で取得できます。本籍は住所とは異なる場合がありますので、ご注意ください。例えば、被相続人である父の本籍がわからない場合、まずは父の最後の住所があった市区町村役所で父の住民票除票を「本籍の記載あり」で取得し、確認することができます。

　「区」について、東京23区役所は市町村役所と同じ扱いで「その区に本籍がある人」の戸籍謄本等を取得できますが、他の政令指定都市の区については扱いが異なる場合があります。対象となる自治体にお問い合わせいただくか、ホームページ等でご確認ください。

　なお、戸籍法の改正により、令和6年を目途に、全国どこの本籍の戸籍謄本等でも最寄りの市区町村役所で取得できるようになる予定です。

② 市区町村役所での手続き

　市区町村役所では窓口に戸籍謄本等の申請用紙が準備してありますので、必要事項を記入して交付申請を行います。なお、交付申請の際には、運転免許証・マイナンバーカードなどの本人確認書類の提示を求められますので、忘れずにご持参ください。さらに、自分自身が記載された戸籍謄本等以外の戸籍謄本等を取得する場合には、親族関係等を示す他の戸籍謄本等の提示を求められることがあります。

　申請用紙は市区町村によって異なりますので、書き方がわからないときは役所窓口の職員にご確認ください。

　戸籍謄本等の取得には手数料がかかり、戸籍謄本は1通450円（抄本も同じ）、除籍謄本および改製原戸籍謄本は各1通750円です。

③ 被相続人の住民票除票、法定相続人の戸籍謄本なども合わせて取得

　詳しくは第3章で解説しますが、相続登記には被相続人の戸籍謄本等のほか**住民票除票**（または**戸籍附票**）、**法定相続人の戸籍謄本**（抄本）・**住民票**・**印鑑証明書**なども必要となります。ひとつの役所で取得できるものは合わせて取得するようにしましょう。

　住民票（除票）や印鑑証明書は、対象者の本籍ではなく住所がある市区町村役所で発行されますので、ご注意ください。一方、住民票（除票）と同様に住所を証する書類として戸籍附票がありますが、戸籍附票は本籍がある市区町村役所で発行されます。これらの交付申請の際に本人確認書類の提示を求められることなど、戸籍謄本等を取得する場合と同じです。印鑑証明書の発行には、対象者の印鑑手帳または印鑑カードも必要となります。

　相続登記における住民票（除票）は、本籍とのつながりが重要なので、必ず「本籍の記載あり」で交付申請してください。なお、印鑑証明書には「本籍の記載」はありません（記載できません）。

　住民票（除票）および印鑑証明書の発行手数料は市区町村によって違いがありますので、発行を受ける市区町村役所の窓口またはホームページ等でご確認ください（おおむね1通150円から300円程度です）。

4　コンビニエンスストアでの交付

　戸籍謄本、住民票および印鑑証明書などは、マイナンバーカードを利用することで、コンビニエンスストア（本籍や住所のある市区町村に限らない）で交付を受けることができます。ただし、いずれも「マイナンバーカードに記録された本人の現在のもの」だけが対象です。例えば、「被相続人である父の除籍謄本や住民票除票」をコンビニエンスストアで取得することはできません。

本籍で取るもの、住所で取るもの、
コンビニエンスストアで
取れるもの、いろいろありますので
注意してください

FIGURE 13 各書類の取得方法

戸籍謄本等・戸籍附票

どこで取得？	「本籍」のある市区町村役所
交付申請方法	役所窓口の申請用紙に記載して提出
必要な書類	・本人確認書類（運転免許証等） ・相続関係を証する他の戸籍謄本等 　（自分が記載されていない戸籍謄本等を取得する場合）
手数料	・戸籍謄本1通450円 ・除籍謄本1通750円 ・改製原戸籍謄本1通750円 ・戸籍附票1通150円〜300円（役所によって異なる）

住民票・住民票除票・印鑑証明書

どこで取得？	「住所」のある市区町村役所
交付申請方法	役所窓口の申請用紙に記載して提出
必要な書類	＜住民票・住民票除票＞ ・本人確認書類（運転免許証等） ・相続関係を証する戸籍謄本等 　（自分が記載されていない住民票等を取得する場合） ＜印鑑証明書＞ ・印鑑手帳または印鑑カード
手数料	・いずれも1通150円〜300円（役所によって異なる）

わからないことは
役所の窓口で相談しよう

5 本籍が遠方で市区町村役場に行けない場合など

　被相続人の本籍が遠方で市区町村役場に行くことができない場合など、郵送で戸籍謄本等を交付申請することができます。郵送による戸籍謄本等の交付方法は、各区市町村のホームページでかなり詳しく解説してありますので、よく読んで交付申請してください。戸籍謄本等の交付申請書もダウンロードできることが多いですので、印刷して使用します。被相続人の住所が遠方で住民票除票を取りに行けないとき、自分自身の本籍が遠方のときなども同様です。

　郵送での申請の場合、手数料はほとんどの市区町村役所で**定額小為替**による支払いを求められます。このデジタル時代にずいぶんアナログな方法ですが、しかたありません。定額小為替は郵便局で購入することができます。

　なお、上記のとおり戸籍法の改正により、令和6年を目途に、全国どこの本籍の戸籍謄本等でも最寄りの市区町村役所で取得できるようになる予定です。そうなれば、郵送で交付申請する必要性もかなり減ると思います。

定額小為替は金額にかかわらず
1枚200円の手数料がかかります。
つまり450円の定額小為替1枚を
買うには、650円を支払う必要が
あります

FIGURE
14 戸籍謄本等の取得方法

市区町村役所の窓口で取得(原則)

市区町村役所

マイナンバーカードを使用することでコンビニエンスストアで発行可能

マイナンバーカード

コンビニエンスストア

・取得できるのはマイナンバーカード本人のものだけ
　(対応していない市区町村もある)

遠方の役所には郵送で交付申請

パソコン

プリンタ

・手続きの方法はホームページに詳しく案内されている
・交付申請書はダウンロードできる

法定相続情報一覧図の写し

　法務局では**法定相続情報一覧図の写し**という書類の交付を受けることができます。法定相続情報一覧図の写しは次ページのサンプルのような書類で、被相続人の氏名・最後の住所・死亡年月日等、法定相続人の氏名・住所・生年月日等を1通の書面にまとめ、登記官がその内容を証明したものです。法定相続情報一覧図の写しは、戸籍謄本等に代わる書類として相続登記申請の添付情報として使用できるほか、金融機関における預貯金の相続手続きや相続税申告の添付書類として幅広く使用することがきます。

　「そんな便利な証明書があるなら何で最初にそれを教えてくれないんだ！ 戸籍謄本等なんか取る必要ないじゃないか！」とお怒りの向きもあるかもしれません。しかし、法定相続情報一覧図の写しを最初に取得しようとするときには、相続登記をするのと同等の戸籍謄本等を取得し、自ら法定相続情報一覧図を作成して、法務局に対し**法定相続情報一覧図の保管及び交付の申出**をする必要があります。一度「保管の申出」をすれば、その後は戸籍謄本等を要することなく法定相続情報一覧図の写しを取得することができるのですが、最初はやはり本書で解説する戸籍謄本等がすべて必要なのです。

　とはいえ、法定相続情報一覧図の写しは非常に使い勝手が良く、金融機関の相続手続き等でも使用できる（むしろ戸籍謄本等を提出するより歓迎される）ので、相続登記の申請をする際に同時に「保管の申出」をしておくと便利です。申出先は相続登記と同じ法務局の不動産登記部門ですので、同時に手続きすることが可能なのです。

　本書では紙幅の都合で法定相続情報一覧図に関する手続きは解説できませんが、法務局ではホームページで詳しく紹介していますので、参照してください。

法定相続情報番号　１２３４－５６－７８９０１

被相続人　　　太田　広夫　　　法定相続情報

最後の住所　○○県東西市川坂町４２３番地２
　　　出生　昭和２８年２月２日　　　　　　　　住所　○○県東西市楠木町５００番地５
　　　死亡　令和２年４月１日　　　　　　　　　出生　平成元年４月８日

（被相続人）　太田　　　広夫　　　　　　┌─　長女　桐生　　　桜

住所　○○県東西市川坂町４２３番地２　　　　住所　○○県東西市中町１番地９
出生　昭和３１年４月６日　　　　　　　　　　出生　平成３年１２月１日

妻　　　　太田　　　緑　　　　　　　　└─　長男　太田　　　昴　　　（申出人）

以下余白

┌─────────────────────────┐
│作成日：令和４年４月１日　　　　　　　　│
│作成者：太　田　　昴　　　　　　　　　　│
│住　所：○○県東西市中町１番地９　　　　│
└─────────────────────────┘

これは、令和４年４月１日に申出のあった当局保管に係る法定相続情報一覧図の写しである。

令和４年４月２日
○○地方法務局東西支局

　　　　登記官　　　　　　法　務　太　郎　　　［○○地方
　　　　　　　　　　　　　　　　　　　　　　　法務局東
　　　　　　　　　　　　　　　　　　　　　　　西支局登
　　　　　　　　　　　　　　　　　　　　　　　記官之印］

注）本書面は、提出された戸除籍謄本等の記載に基づくものである。相続放棄に関しては、
　　本書面に記載されない。また、被相続人の死亡に起因する相続手続及び年金等手続以外に
　　利用することはできない。

整理番号　Ｓ０１０１０１／１

被相続人が所有する不動産の調査

被相続人が所有していた不動産を調査するにはどうしたらよいのでしょうか。その方法について解説します。

1 **被相続人が所有していた不動産（自宅等）**

相続登記は、相続を原因とする不動産の所有権移転登記のことですので、被相続人が所有していた不動産を調査し、確定（所在・地番など）させることが必要です。

この所有不動産の調査は、一見簡単なようで難しい場合があります。自宅については所在が明らかですので、自宅所在地の市区町村役所（固定資産税の係）で次の書類を取得して確認します。

①**評価通知書**（登記用）または**評価証明書**を「被相続人の所有する全物件」という指定で取得できるときには、その評価通知書（登記用）または評価証明書
②上記①の「全物件」の指定ができないときには被相続人の**名寄帳**の写し

この確認によって、少なくとも自宅所在地の市区町村内に存在するものについては、被相続人の所有不動産の全部を知ることができます。

また、自宅所在地ではなくても、被相続人の所有不動産の所在地（市区町村）を知っている場合には、同じ方法で確認することができます。

CHAPTER

2

相続登記のための基礎知識

2 被相続人が所有していた不動産（所在地を知らない場合）

　問題は、被相続人が別荘やセカンドハウスなどを遠方に所有していた、不動産賃貸経営を手広く行っていたためあちこちの市区町村に所有不動産があるなど、所有不動産の所在をはっきり知らない場合です。「その人が全国に持っている不動産の全部を一覧で調べる方法」は、いまだ存在しません。

　このような場合には、被相続人が保管していた**登記済証、登記識別情報、売買契約書、固定資産税の納税通知書**などをひとつひとつ確認し、所有不動産の所在地を調べるよりほかありません。また、不動産賃貸経営をしていた場合などには、**確定申告書、決算書**なども手掛かりになります。

　また、固定資産税については原則として毎年、不動産所在地の市区町村役所から納税通知書が送られてくるものですので、被相続人宛に新たに届いた納税通知書で所有不動産の所在がわかることもあります。

　このようにして不動産の所在がわかったら、上記と同様に①評価通知書（登記用）か評価証明書、または②名寄帳の写しを取得することで、その市区町村内については被相続人の所有不動産の全部を知ることができます。

③ 評価証明書等の取得方法

　評価通知書（登記用）または評価証明書、名寄帳の写し（以下「評価証明書等」）は、不動産所在地の市区町村役所で取得することができますが、原則として役所の窓口に出向いて交付申請をします。申請書は窓口に準備してありますので、それに必要事項を記入して交付申請します。交付申請の際には、運転免許証・マイナンバーカード等の本人確認書類の提示を求められるほか、不動産所有者の相続人であることを証する戸籍謄本等の提示を求められることもあります。

　なお、「区」について、東京23区内の不動産については都税事務所にて評価証明書等を発行しています。他の政令指定都市の区での取り扱いについては、各自治体にお問い合わせいただくかホームページ等を確認してください。

　不動産所在地が遠方で役所窓口に出向くことができないときは、郵送で評価証明書等を取得することもできます。郵送による評価証明書等の交付方法は、各市区町村のホームページでかなり詳しく解説してありますので、よく読んで交付申請してください。評価証明書等の交付申請書もダウンロードできることが多いですので、印刷して使用します。

評価証明書等は
不動産の「所在地」の
役所で取得します

15 被相続人が所有する不動産の調査

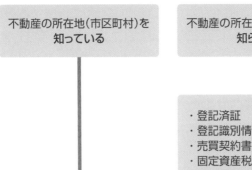

不動産の所在地(市区町村)を
知っている

不動産の所在地(市区町村)を
知らない

・登記済証
・登記識別情報
・売買契約書
・固定資産税納税通知書など
不動産の所在地を調べる

不動産の所在地の市区町村役所で次のいずれかを取得
1. 評価通知書または評価証明書(全物件の指定)
2. 名寄帳の写し

・市区町村役場に出向いて取得(原則)
・本人確認書類、相続人であることを証する戸籍謄本等の提示が必要
・郵送での申請も可能(ホームページ等で確認)

その市区町村内の
所有不動産が全部わかる

4 全部事項証明書等の取得

　評価証明書等で被相続人の所有不動産の所在・地番等を確定できたら、全部事項証明書を取得して登記事項を確認します。全部事項証明書は最寄りの法務局で日本全国のものが取得できます。また、民事法務協会が運営する**登記情報提供サービス**というサイトがあり、この登記情報によっても登記事項を確認することができます。可能であれば登記情報提供サービスを利用する方が費用も安く済みますし、法務局に出向く手間もかかりません。法務局の窓口で全部事項証明書の交付を受ける場合は1通600円、登記情報提供サービスの場合は1通332円です。また、法務局の窓口は平日8時30分から17時15分までの利用時間で、土日祝日は利用することができません。登記情報提供サービスは、平日8時30分から23時00分まで、土日祝日も8時30分から18時00分まで登記情報を取得することができます。

5 全部事項証明書等の調査の必要性

　「被相続人の所有不動産の所在・地番はわかっているから」と評価証明書等の調査を省略して、いきなり全部事項証明書（登記情報）の調査に入る人もいますが、あまりよろしくありません。「不動産の所在地は○○番地だ」と認識していても、実際には土地が何筆にも分かれていることがあります。また、自宅に通じる私道を所有（共有）している場合もあります。こういう状況は、全部事項証明書（登記情報）だけではわかりにくいのです。

16 全部事項証明書と登記情報提供サービス

全部事項証明書の取得

登記事項証明書交付申請書

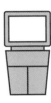
発行機

・法務局で取得（窓口へ申請または発行機）
・1通600円（収入印紙で納付）

登記情報提供サービス

パソコン

・パソコンで確認
・1通332円（クレジットカード等で納付）
・登記事項の内容を確認するだけであれば、
　登記情報提供サービスを使う方が安くて便利

　逆に、全部事項証明書（登記情報）の調査を省略して、評価証明書等の情報のみに基づいて相続登記を行う人もいますが、これもまた感心しません。土地の地目・地積や建物の構造・床面積など、評価証明書等と全部事項証明書（登記情報）との間にくい違いがある場合が多々ありますし、建物については未登記であることもあります。さらに、登記された所有者の住所・氏名に誤りがあったり、大昔のままの住所が記載されていたりすることもあります。このような評価証明書等と全部事項証明書（登記情報）の不一致は、何らかの形で解決してからでないと相続登記できないことがあります。

　評価証明書等と全部事項証明書（登記情報）は、必ず両者の内容を照らし合わせてから相続登記を行いましょう。

未登記建物はひとつの問題です。
その対応については専門家に
ご相談ください

FIGURE 17　評価証明書等と全部事項証明書等の照合

自宅は5番地1

実際にはこんなケースも…

土地が何筆にも分かれている

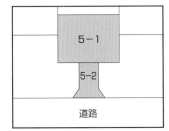

道路

自宅に進入する私道を所有している

照らし合わせて確認する

評価証明書			
所有者	○○市○○町5番地1 太田広夫		
○○町5-1	宅地	220.22 ㎡	2,202,200 円
○○町5-2	畑	110.00 ㎡	110,000 円

全部事項証明書		
表題部		
○○市○○町		
5番1	宅地	220㎡00
甲区		
所有者	○○市○○町100番地　太田広夫	

・不動産に漏れはないか？
・不動産の表示（地目や地積、種類や床面積など）は一致しているか？
・所有者の住所・氏名は一致しているか？
・未登記建物はないか？
など

くい違いがあるときにはその理由は？

解決してからでないと相続登記できない場合もある

法定相続分と遺産分割協議（その1）

法定相続人が確定し不動産が確定したら、相続登記をするために次に何をしたらよいのでしょうか？

1 法定相続人と法定相続分

法定相続人の範囲については、これまで詳しく説明してきました。ここでひとつの問題が生じるのは、法定相続人が複数存在するということについてです。「被相続人に子が1人しかなく、配偶者は被相続人より先に死亡している」というケースなど、たまたま法定相続人が1人であることもなくはありませんが、法定相続人は複数であるのが普通です。

そうなると、複数いる法定相続人がいったいどのように相続を行うのか、とりわけ本書のテーマである相続登記に関しては、被相続人が所有していた不動産をどのように相続するのか、もっと具体的にいえばどのように不動産を分けるのかが問題となります。

そもそも、法定相続人が複数いる場合、被相続人の所有していた財産（遺産）に対する権利はみな同じなのでしょうか。

結論からいうと、必ずしも平等ではありません。法律では、各法定相続人が遺産に対して有する権利の「割合」が定められています。この割合を**法定相続分**といいます。

2 法定相続分の割合

　法定相続分の割合は、次のように定められています。

①配偶者と第1順位・子が法定相続人となるとき、配偶者の法定相続分は2分の1、子の法定相続分は2分の1

②配偶者と第2順位・父母（直系尊属）が法定相続人となるとき、配偶者の法定相続分は3分の2、父母（直系尊属）の法定相続分は3分の1

③配偶者と第3順位・兄弟姉妹が法定相続人となるとき、配偶者の法定相続分は4分の3、兄弟姉妹の法定相続分は4分の1

④子、父母（直系尊属）または兄弟姉妹が複数いるときは、法定相続分は各自平等の割合で分ける（ただし、兄弟姉妹は次のとおり全血・半血の調整が必要な場合がある）。

　少し注意が必要なのは、配偶者が法定相続人とならない場合です。その場合は、上記④だけが適用となりますので、配偶者の法定相続分を考えることなく、複数の子、父母（直系尊属）または兄弟姉妹の間で、法定相続分は平等の割合となります（ただし、兄弟姉妹は次のとおり全血・半血の調整が必要な場合がある）。

18 法定相続分

	法定相続分		子、父母（直系尊属）、兄弟姉妹が複数いる場合
第1順位	配偶者	子	それぞれの法定相続分を各自平等の割合で分ける ※兄弟姉妹は全血・半血の調整がある
	1/2	1/2	
第2順位	配偶者	父母（直系尊属）	
	2/3	1/3	
第3順位	配偶者	兄弟姉妹	
	3/4	1/4	

③ 兄弟姉妹が法定相続人となる場合の注意

　兄弟姉妹は、父母の両方を同じくする兄弟姉妹（全血の兄弟姉妹）と、父母の一方を同じくする兄弟姉妹（半血の兄弟姉妹）がいます。法律では、被相続人の兄弟姉妹が法定相続人となる場合、半血の兄弟姉妹は、全血の兄弟姉妹の法定相続分の2分の1と定められていますので、この点の調整が必要です。

　例えば、兄弟姉妹A・B・Cがいる場合に、A（配偶者はいないものとする）が死亡してB（全血）とC（半血）が法定相続人となるとき、Bの法定相続分は3分の2、Cの法定相続分は3分の1となります。

　全血・半血の違いは養子の場合にもあてはまり、被相続人の父母の双方と養子縁組している養子は全血の兄弟姉妹となり、被相続人の父母の一方とだけ養子縁組している養子は半血の兄弟姉妹となります。

　法定相続人となる兄弟姉妹の全員が全血の場合、全員が半血の場合には、この調整をする必要はありません。

血縁の「濃さ」が法定相続分に
影響を与えています

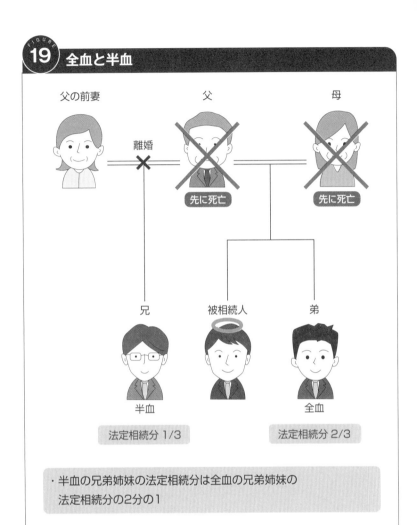

19 全血と半血

父の前妻   父   母

離婚

先に死亡   先に死亡

兄   被相続人   弟

半血   全血

法定相続分 1/3   法定相続分 2/3

・半血の兄弟姉妹の法定相続分は全血の兄弟姉妹の
法定相続分の2分の1

9 法定相続分と遺産分割協議（その2）

法定相続分について、具体的なケースに沿って確認してみましょう。

1 ケース1：被相続人に子がいる場合

（29ページのケース1の図表をご覧ください。）

配偶者と子が法定相続人のケースですので、配偶者の法定相続分2分の1、子（2人）の法定相続分2分の1です。

子は2分の1の法定相続分をさらに平等の割合で分けますので、全体からみた割合としては1人あたり4分の1となります。

つまり、ケース1では、妻・太田緑の法定相続分は2分の1（4分の2）、長女・桐生桜は4分の1、長男・太田昴は4分の1となります。

このケース1で、もし妻が被相続人よりも先に死亡していれば、法定相続分は長女・桐生桜2分の1、長男・太田昴2分の1となります。

2 ケース2：被相続人に子がおらず、父・母（直系尊属）がいる場合

（31ページのケース2の図表をご覧ください。）

配偶者と父母（直系尊属）が法定相続人のケースですので、配偶者の法定相続分3分の2、父母（直系尊属）の法定相続分3分の1です。

つまり、ケース2では、妻・高崎さおりの法定相続分は3分の2、母・高崎良枝は3分の1となります。

このケース2で、もし父・高崎太郎が被相続人の死亡時に生存していれば、父母の法定相続分3分の1はさらに父母で平等の割合で分けますので、法定相続分は妻・高崎さおり3分の2（6分の4）、父・高崎太郎6分の1、母・高崎良枝6分の1となります。

 ## ケース3：被相続人に子も父・母（直系尊属）もおらず、兄弟姉妹がいる場合

（33ページのケース3の図表をご覧ください。）

配偶者と兄弟姉妹が法定相続人のケースですので、配偶者の法定相続分4分の3、兄弟姉妹（2人）の法定相続分4分の1です。

兄弟姉妹は4分の1の法定相続分をさらに平等の割合で分けますので、全体からみた割合としては1人あたり8分の1となります。

つまり、ケース3では、妻・前橋竹子の法定相続分は4分の3（8分の6）、姉・伊勢崎花子は8分の1、弟・前橋満男は8分の1となります。

このケース3で、もし妻が被相続人よりも先に死亡していれば、法定相続分は姉・伊勢崎花子2分の1、弟・前橋満男2分の1となります。

 ## 代襲相続のケース1

（37ページの代襲相続のケース1の図表をご覧ください。）

代襲相続人のいるケースも見ておきましょう。

代襲相続のケース1も配偶者と子が法定相続人となる場合（ただし、子の1名が死亡し代襲相続人がいる）ですので、基本的な関係は「上記ケース1：被相続人に子がいる場合」と同じです。つまり、配偶者の法定相続分2分の1、子（2人）の法定相続分2分の1であり、子は2分の1の法定相続分をさらに平等の割合で分けます。

　注意すべきなのは、代襲相続人が複数いる場合には、その全員で被代襲者が相続すべきだった法定相続分を平等の割合で分けるということです。

　つまり、この代襲相続のケース1では、妻・太田緑の法定相続分は2分の1（8分の4）、長女・桐生桜は4分の1（8分の2）、長男・太田昴（被代襲者）の代襲相続人・太田玲子は8分の1、太田健太郎も8分の1となります。

　桐生桜、太田玲子、太田健太郎が各3分の1の割合で分けるのではありませんので、ご注意ください。

　この代襲相続のケース1で、もし妻が被相続人よりも先に死亡していれば、法定相続分は長女・桐生桜2分の1（4分の2）、長男・太田昴の代襲相続人・太田玲子は4分の1、太田健太郎も4分の1となります。

5 代襲相続のケース2

（39ページの代襲相続のケース2の図表をご覧ください。）

　代襲相続のケース2は兄弟姉妹が法定相続人となる場合（ただし、兄弟姉妹の1名が死亡し代襲相続人がいる）ですので、基本的な関係は上記「ケース3被相続人に子も父・母（直系尊属）もおらず、兄弟姉妹がいる場合」と同じです。つまり、配偶者の法定相続分4分の3、兄弟姉妹（2人）の法定相続分4分の1であり、兄弟姉妹は4分の1の法定相続分をさらに平等の割合で分けます。

　ただし、姉・伊勢崎花子は被相続人よりも先に死亡し、代襲相続人・伊勢崎真一がいます。代襲相続人が複数いる場合には、その全員で被代襲者が相続すべきだった法定相続分を平等の割合で分けることになりますが、このケースでは代襲相続人が1人のため、被代襲者の法定相続分をそのまま全部相続します。

つまり、代襲相続のケース2では、妻・前橋竹子の法定相続分は4分の3（8分の6）、弟・前橋満男は8分の1、姉・伊勢崎花子（被代襲者）の代襲相続人・伊勢崎真一は8分の1となります。

　この代襲相続のケース2では、弟・前橋満男とおい・伊勢崎真一の法定相続分が等しくなっていますが、あくまでも「代襲相続人が1人しかいなかった」ためであり、もし、姉・伊勢崎花子にあと2人の子がいた場合（合計子3人）には、弟・前橋満男の法定相続分は8分の1（24分の3）、姉・伊勢崎花子の3人の子の法定相続分は各24分の1となります。

配偶者の法定相続分は多めに、
その他の同じ立場にある法定相続人
同士は平等に、という法律のきまりに
なっています。その考え方がわかれば
カンタンですよ

法定相続分と遺産分割協議（その3）

法定相続分もわかったところで、被相続人の所有していた財産を具体的にどのように分けるか、そのときにどのような書類を作成するのかについて見ていきましょう。

1 遺産分割協議とは？

相続の開始によって被相続人が所有していた一切の権利（財産など）と義務（借金など）は法定相続人が承継します。このとき、法定相続分は決まっていても、具体的にどの財産を誰が取得するのかについては、法定相続人の間で話し合って決めなければなりません。この「法定相続人の間の財産の取得に関する話し合い」のことを遺産分割協議といいます。

例えば、ケース1（28ページ）の場合に、被相続人・太田広夫が所有していた財産として、甲土地（価格1,000万円）、乙マンション（価格3,000万円）、預貯金（2,000万円）があったとします。これについて法定相続人である妻・太田緑、長女・桐生桜、長男・太田昴が話し合い、甲土地は妻が、乙マンションは長女が、預貯金は長男が、それぞれ取得すると合意することが可能です。この法定相続人の話し合いが遺産分割協議です。

　前記の例で、「おや？　法定相続分は関係ないの？」と気付く読者も多いことでしょう。取得する財産の価格の割合で考えたら、妻6分の1、長女6分の3、長男6分の2の割合になります。法定相続分は妻4分の2、長女4分の1、長男4分の1ですから、割合が全然違います。

　実は、法定相続人の間で合意をすれば、法定相続分に関わらず、どのように（どのような割合で）被相続人の財産を分けても構いません。前記の例で、「妻がすべての財産を取得し、長女・長男は何も取得しない」などと極端な内容で合意しても構わないのです。

　「それではいったい何のために法定相続分があるんだ？」と思うかもしれません。

　法定相続分は、法定相続人が遺産分割協議をしても合意に至ることができないときに、家庭裁判所の調停や審判の際の基準となるものです。家庭裁判所の審判は強制力のある決定ですので、その基準は、遺産分割協議で合意を形成するときにも当然に重視すべきものとなります。法定相続人の間で「どの財産がほしいか」の意見が対立するような場面の遺産分割協議では、法定相続分に沿った価格割合の財産を取得する内容でないと、合意には至らないでしょう。そのような場面で、3分の1の法定相続分を持つ法定相続人に対し、「10分の1の価格の財産を取得する」という内容の遺産分割協議に合意してほしいとお願いしても、一般的には受け入れられないでしょう。したがって、遺産分割協議は自由な内容で合意できるとはいえ、一方で法定相続分のことを念頭に置いて話し合いをする必要があります。

　なお、相続登記とは直接関係ありませんが、借金など債務の相続は、法定相続分どおりに分割して承継するのが原則です。

20 遺産分割協議と法定相続分

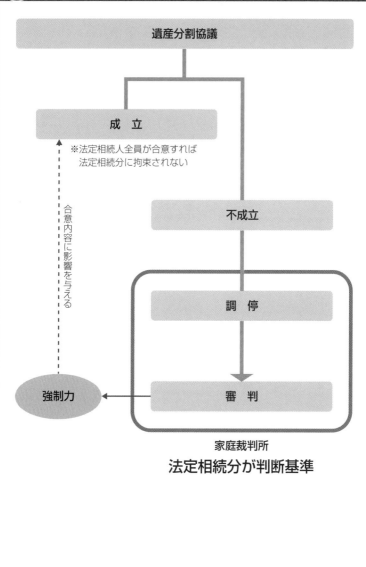

遺産分割協議

成 立

※法定相続人全員が合意すれば
法定相続分に拘束されない

不成立

合意内容に影響を与える

調 停

審 判

強制力

家庭裁判所

法定相続分が判断基準

遺産分割協議で合意に至らなかったら

　遺産分割協議の結果、法定相続人の意見の折り合いがつかず、合意に至らないこともあります。その場合、家庭裁判所における調停に委ねられ、調停でも合意に至らないときには、審判によって決定されます。調停および審判は、その手続きをすることが義務ではありませんが、それをしなければ決着がつかない（遺産分割ができない）ので、必然的に選択せざるを得ないこととなります。

　調停の本質は「話し合い」であり、調停の結果、法定相続人全員の合意に至れば、合意の内容を記した調停調書という書類が作成され、手続きは終了となります。調停調書は遺産分割協議の合意内容を記した書面ですので、「家庭裁判所で作成する遺産分割協議書」といってもいいでしょう。ひとたび調停調書に書かれた合意内容は強制力を持ちます。

　審判とは、民事訴訟でいえば「判決」のこと。裁判官は、「一切の事情を考慮して」遺産分割の内容を審判（決定）します。裁判所の決定ですから、当然、審判の内容は強制力を持ちます。

　「一切の事情を考慮して」という言葉に過大な期待を抱く方もいるようですが、形式的な解決で終わることが多いです。つまり、預貯金など分割しやすいものは1円単位で全額分割、不動産など分割しにくいものは共有にするというような内容です。このとき、分割比率および共有持分の基準となるのが法定相続分ということです。

　率直にいって、審判まで行っても、時間（および費用）がかかるばかりであまり得をすることもないでしょう。調停までの段階で折り合う方が得策だと思います。

3 遺産分割協議はどうやってするのか？

　重要なことは、法定相続人全員が参加して行う必要があるということです。法定相続人の一部が参加していない遺産分割協議の合意は、法律的な効力を持ちません。

　ただし、法定相続人の全員が「集まって」話し合わなければならないということではありません。法定相続人としてA・B・Cの3人がいる場合に、AがまずBとの間で合意して内容を決め、その内容をAがさらにCに提示して合意を得るという形でも大丈夫です。また、話し合いの方法も電話やWeb会議を使ってもよく、合意内容の案を文書で順次郵送して、法定相続人全員の合意を得るのでも構いません。

　また、上記のとおり法定相続人の一部が参加していない遺産分割協議は無効ですが、一方で法定相続人以外の第三者が不当に介入した遺産分割協議も法律的に問題を生じることがありますので、注意してください。

4 遺産分割協議書の作成

　法定相続人の全員が遺産分割協議の内容に合意したときには、その内容を**遺産分割協議書**という書面にまとめ、全員が署名捺印します。なお、上記のとおり財産の全部を法定相続人の1人が取得するという合意も可能ですが、その場合でも遺産「分割」協議書という呼び名に変わりありません。また、「法定相続人の全員が遺産分割協議の内容に合意した」ことを「遺産分割協議が成立した」といいます。よく使う表現ですので覚えておく方がよいでしょう。

　遺産分割協議書の書式および作成方法は第3章で説明（102ページなど）していますので、そちらを参照してください。

遺産分割協議書の捺印は、相続登記においては実印によることが必須であり、すべての捺印について印鑑証明書を添付する必要があります。なお、遺産分割協議書には、預貯金や有価証券の取得者・取得方法等についても合意および記載が可能ですが、金融機関における相続手続きでも実印の捺印は必須、すべての捺印について印鑑証明書が必要となります。

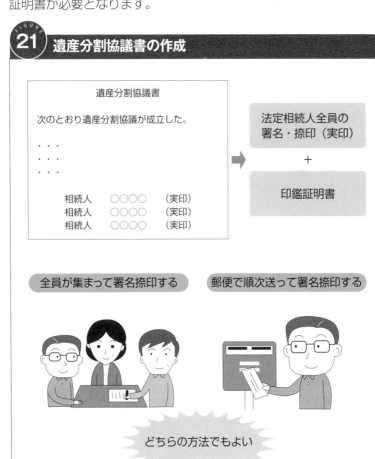

FIGURE 21　遺産分割協議書の作成

遺産分割協議書

次のとおり遺産分割協議が成立した。

・・・
・・・
・・・

相続人　〇〇〇〇　（実印）
相続人　〇〇〇〇　（実印）
相続人　〇〇〇〇　（実印）

法定相続人全員の
署名・捺印（実印）

＋

印鑑証明書

全員が集まって署名捺印する

郵便で順次送って署名捺印する

どちらの方法でもよい

11 遺言書がある場合

被相続人は遺言書を書いて残していました。この場合、相続の手続きは変わるのでしょうか？

1 遺言（書）とは？

被相続人が生前に遺言をしている場合があります。遺言とは、自らの死後、「財産を誰にどう分けるか」等についてする意思表示です。遺言は必ず書面でしなければならず、遺言の内容が書かれた書面を**遺言書**といいます。遺言の読み方は「いごん」と「ゆいごん」の2通りがあり、どちらも間違いではありませんが法律的には「いごん」と呼ぶことが多いようです。

なお、遺言をする（した）人のことを「**遺言者**」といいます。被相続人が遺言者である場合に、その取扱いについて見ていきます。

2 遺言書の種類

遺言書にはいくつか種類がありますが、代表的なものは以下の2種類です。

●公正証書遺言（書）

遺言者が公証人に依頼して作成した遺言書（**遺言公正証書**ともいいます。その呼び方のほうが一般的なので、以下「遺言公正証書」で統一します）

● **自筆証書遺言（書）**

　遺言者がその全文、日付、氏名を自書し、押印した遺言書（相続財産の目録については自署でなくてもよい場合がある）

　遺言書は、その方式（形式）に不備がなければ、遺言公正証書でも自筆証書遺言書でも法的効力に違いはありません。ただし、自筆証書遺言書は、遺言者の死後に家庭裁判所による**検認**という手続きを経なければ、相続登記等に使用することができません（遺言公正証書では検認は不要）。また、自筆証書遺言書が封印してある場合、家庭裁判所において相続人またはその代理人の立会いのもとでなければ、開封することができません。

③ 遺言書の効力

　被相続人が有効な方式（形式）の遺言書を残しており、法定相続人の1人または数人に特定の財産を「相続させる」旨が書かれている場合（そのような遺言を**特定財産承継遺言**＊といいます）、相続登記の手続きは遺言書がない場合に比べて大きく異なります。

　特定財産承継遺言を内容とする遺言書において、不動産を特定した上でそれを法定相続人の1人または数人に「相続させる」旨が書かれている場合、その不動産については遺産分割協議をすることなく、指定された法定相続人が取得することができます。その不動産の取得については遺産分割協議書を作成する必要がなく、したがって、法定相続人の署名捺印も印鑑証明書も必要ありません。

＊**特定財産承継遺言**　遺言書は特定財産承継遺言を内容とするものだけでなく、法定相続人ではない第三者への遺贈、相続分だけの指定、祭祀の承継者の指定（墓地などを誰が取得するか）等々、相続に関連するものだけでもいろいろな記載事項があります。しかし、本書ではそれら遺贈等の説明は省略いたします。現実的にも、遺言書は特定財産承継遺言を内容として書かれていることが多いです。

それだけでなく、遺産分割協議を前提とする場合に必須である法定相続人全員を確定する（証明する）ための戸籍謄本等の取得も不要であり、被相続人（遺言者）が死亡したこと、および遺言書で不動産を相続すると指定された者が法定相続人であることを証明する戸籍謄本等（通常1〜2通）があれば、それで済みます。

遺言書がある場合の相続証明書については第3章ステップI・ケース4で具体的に解説しますが、一般的に遺言書がない場合に比べて手続きが簡単となります。

4 遺言書の検索

被相続人が遺言公正証書を作成しているかどうかについて、被相続人の死後であれば、法定相続人はその検索ができます。検索の結果、遺言公正証書が作成されていた場合には、その謄本を取得することもできます。遺言公正証書の検索および謄本の取得については、最寄りの公証役場でご相談いただくか、公証人連合会のホームページなどを参照してください。

また、自筆証書遺言書については、法務局（遺言書保管所）が管轄する**自筆証書遺言書保管制度**があり、被相続人の死後であれば、法定相続人は**遺言書保管事実証明書**の交付を請求することで、被相続人が保管を申請した自筆証書遺言書の有無を調べることができます。また、その結果、保管された自筆証書遺言書があった場合には、**遺言書情報証明書**の交付を請求することができ、その証明書は自筆証書遺言書原本と同じ効力を持つ書面として使用できます（家庭裁判所による検認も不要です）。自筆証書遺言書保管制度については、法務省が作成した詳細なホームページがありますので、そちらを参照してください。

遺言書

	遺言公正証書	自筆証書遺言書
作成方法	公証人に依頼して作成してもらう	全文、日付、氏名を自書し、押印する（相続財産の目録は自書でなくてもよい）
証人	成年者2人以上必要	不要
費用	かかる（相続財産の価格等によるが通常35,000円～100,000円程度）	かからない
紛失したとき	正本・謄本の再取得が可能	もう一度書く（自筆証書遺言書保管制度あり）
検認手続き	不要	必要（自筆証書遺言書保管制度を使えば不要）
書換（再作成）は？	可能	
法的効力	方式（形式）に不備がなければ違いはない	

遺言公正証書と自筆証書遺言書
どちらの方がいいのか？
それはこの後の「ワンポイント」で

FIGURE 23 遺言書の検索

公証役場

遺言公正証書の検索

遺言公正証書があれば

遺言公正証書の謄本の交付請求

法務局

遺言書保管事実証明書の交付請求

保管されていたら

遺言書情報証明書の交付請求

法定相続人はいずれの手続きも遺言者の
死亡後でなければできない

遺言公正証書と自筆証書遺言書、どちらを選択すべきか？

　本文でも説明したとおり、原則として、遺言公正証書と自筆証書遺言書とで法的な効力に違いはありません。

　ただし、遺言公正証書は作成に公証人手数料等の費用がかかります。また、利害関係等のない成人の証人2人の立会いが必要です。自ら証人を頼めない場合には公証役場で用意してもらえますが、やはり有料であり、証人の分だけ費用が高くなります。一方、自筆証書遺言書は無料であり（用紙代・筆記用具のインク代程度）、証人も不要。ただし、被相続人の死亡後に家庭裁判所での検認手続きが必要です。自筆証書保管制度を利用すると検認手続きが不要ですが、別の面で面倒な手続きも必要だったりします（159ページ）。

　そうすると一長一短で引き分けかな？——と思うかもしれませんが、筆者がお勧めするのは圧倒的に遺言公正証書です。費用が許す限り、遺言公正証書を選択してください。

　最大の問題は、遺言書の記載内容について。自筆証書遺言書はしばしば記載が間違っています。例えば、「1101番の土地」と書くべきところを「1110番の土地」と書いてあったり、預貯金を相続させる旨が書かれているのに金融機関の口座番号が間違って書かれていたり。記載の間違いがあると、その部分については遺言書として無効になってしまうことがあります。「自宅をあげる」と書いてあっても、自宅とは建物のことなのか土地も含むのか、土地はどの範囲までのことなのか、はなはだ不明確です。

　遺言者がいろいろなことを考え過ぎてしまったせいか、矛盾した内容が書かれていることもあります（甲土地は「長女にやる」と書いてある一方、別の箇所では「土地はすべて長男にやる」と書いてあるなど）。

　せっかく遺言書があるのにそれが使えないのでは、何のために遺言したのかわかりません。

　遺言公正証書は、法律家であり遺言の専門家である公証人が作成する書類なので、上記のような間違いや矛盾は生じません。また、自筆証書遺言書では、「本当に遺言者本人が書いたのか？」「相続人の一人が無理やり書かせたのではないのか？」などの疑義により紛争を生じることもありますが、専門家＋証人2名の関与する遺言公正証書では、まずそのような疑義は生じません。

　その上検認も不要、戸籍謄本等も少なく済むのですから、遺言公正証書を選択するのが正解です。

　なお、公証人手数料等の費用がいくらかかるのかは遺言書の内容、所有する財産の額などによって異なりますので、最寄りの公証役場等にご相談ください。

MEMO

ケース別・
相続登記の手続き

　本章ではいよいよ実際の相続登記手続きを解説していきます。相続登記は、ステップを踏んで順序正しく行うことが必要です。本章ではケース別に詳しく相続登記の手続きを解説します。

第3章のガイダンス

まず第3章全体をどのように読むのかのガイダンスを示します。

1 相続登記の4ステップ

相続登記手続きは次の4ステップを踏んで行います。

相続登記の4ステップ

Ⅰ：相続証明書を作成する（91ページ〜）

Ⅱ：登記申請書を作成する（162ページ〜）

Ⅲ：法務局に申請する（178ページ〜）

Ⅳ：登記識別情報を受領する（185ページ〜）

　第3章は少し長く、また複雑です。自分がいまどの手続きを行っているのか、常にステップを確認するようにしてください。また、このステップは順序を変えることはできません。必ずⅠからⅣの順序で行ってください。

ステップⅠ：相続証明書を作成する

本節では、相続手続きの最初のステップとして相続証明書の作成方法について解説します。

1 相続証明書は複数の書類を組み合わせて作成

不動産登記の申請においては、「登記の原因を証明する情報」（登記原因証明情報）を添付する必要があります。相続登記においては登記の原因は「相続」ですので、これを**相続証明書**と呼びます。

相続証明書は、1つの書類だけで完結することはほとんどなく、いくつかの書類を組み合わせて作成します。

また、相続証明書は、誰が相続人となるか（相続の順位）、遺言の有無、遺産分割協議の有無などによって、必要とされる書類が異なります。

2 自分のケースを見きわめる

ここからは、具体的なケースを想定して、ケースごとに必要な相続証明書を見ていきます。重要なことは、ご自身のケースはどれに該当するのかを見きわめることです。以下に解説するすべてのケースを理解する必要はありません。例えば、ご自身のケースは子が法定相続人である場合（ケース1）に、父母が法定相続人である場合（ケース2）、兄弟姉妹が法定相続人である場合（ケース3）まで心配する必要はないのです。

配偶者と子が法定相続人、遺産分割協議で子が不動産を取得する場合（ケース1）

まずは、配偶者と子が法定相続人であり、遺産分割協議によって子が不動産を取得するケースについて解説します。

1 必要書類

このケース1の相続証明書は、以下のとおりです。

（1）被相続人の出生から死亡までの記載がある戸籍謄本等

（2）法定相続人全員の現在の戸籍謄本（抄本）

（3）被相続人の住民票除票または戸籍附票

（4）遺産分割協議書

（5）遺産分割協議書に捺印した全員の印鑑証明書

（6）相続関係説明図

ここからは、各書類についてより具体的に見ていきます。

戸籍謄本等はなかなか複雑です
頑張って理解してください

ケース1

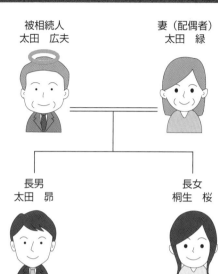

被相続人
太田　広夫

妻（配偶者）
太田　緑

長男
太田　昴

長女
桐生　桜

（右側縦書き）

CHAPTER 3　ケース別・相続登記の手続き

○○県東西市川坂町４２３−２　　　　　　　　　全部事項証明書　　　（土地）

表　題　部　(土地の表示)	調製	余　白	不動産番号	0000000000001

地図番号	余　白	筆界特定	余　白	

所　在	東西市川坂町字諏訪前		

① 地　番	②地　目	③ 地　積　㎡	原因及びその日付〔登記の日付〕
４２３番２	宅地	２７２：５０	４２３番１から分筆 〔平成２１年２月１日〕

権　利　部　(甲区)　(所有権に関する事項)			
順位番号	登記の目的	受付年月日・受付番号	権利者その他の事項
1	所有権移転	平成１１年３月２６日 第３６７８号	原因　平成１０年１２月８日相続 所有者　○○県東西市南北町二丁目３番地４ 　　平　和　譲　治 順位番号３番の登記を転写 平成２１年２月１日受付 第１２３４号
2	所有権移転	平成２１年２月２５日 第１００１号	原因　平成２１年２月２５日売買 所有者　○○県東西市川坂町４２３番地２ 　　太　田　広　夫

遺産分割協議により長男・太田昴が取得する

2 各書類の解説

（1）被相続人の出生から死亡までの記載がある戸籍謄本等

　被相続人の出生から死亡までの記載のある戸籍謄本等の例を「その1」から「その3」まで掲げます。第2章で解説したとおり（50ページ）、出生・婚姻・離婚・子の出生・死亡といった人の一生は、すべて戸籍に記載されています。被相続人について、一生の（出生から死亡までの）戸籍謄本等を途切れることなく取得することが必要です。

　ポイントは、その戸籍がいつ編成された（できた）のか、次にどの戸籍につながっているのか、その「つながり」を見ることです。戸籍謄本等の例の中にポイントを書き込みましたので、ご確認ください。もっとも、これらの戸籍謄本等はあくまでも一例であり、被相続人によって戸籍謄本等の種類・通数・記載内容は異なります。

　これら被相続人の出生から死亡までの記載がある戸籍謄本等は、必ず謄本でなければならず、抄本では不可です。

「出生から死亡までの記載のある戸籍」は常に「謄本」でなければなりません

FIGURE

2 被相続人の戸籍謄本等（その1）

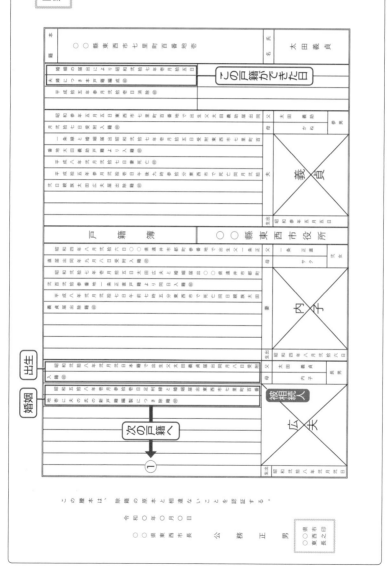

FIGURE 3 被相続人の戸籍謄本等（その2）

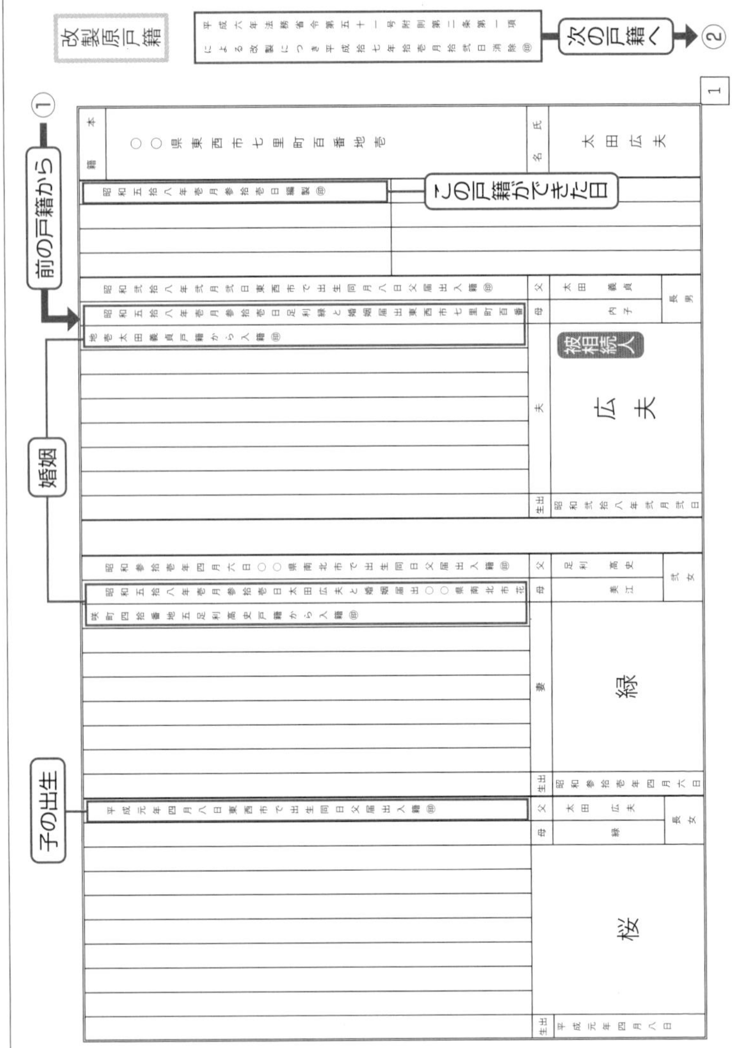

改製原戸籍
平成六年法務省令第五十一号附則第二条第一項による改製につき平成拾七年拾壱月拾弐日消除㊞
次の戸籍へ
②
1
①
前の戸籍から
本籍
○○県東西市七里町百番地壱
氏名
太田広夫
昭和五拾八年壱月参拾壱日編製㊞
この戸籍ができた日
昭和弐拾八年弐月弐日東西市で出生同月八日父届出入籍㊞
昭和五拾八年壱月参拾壱日足利緑と婚姻届出東西市七里町百番地壱太田義貞戸籍から入籍㊞
父 太田義貞
母 内子
長男
被相続人
夫
広夫
生出 昭和弐拾八年弐月弐日
婚姻
昭和参拾壱年四月六日○○県南北市で出生同日父届出入籍㊞
昭和五拾八年壱月参拾壱日太田広夫と婚姻届出○○県南北市花咲町四拾番地五足利高史戸籍から入籍㊞
父 足利高史
母 美江
弐女
妻
緑
生出 昭和参拾壱年四月六日
子の出生
平成元年四月八日東西市で出生同日父届出入籍㊞
父 太田広夫
母 緑
長女
桜
生出 平成元年四月八日

2

子の出生

父	大田　正夫	続柄
母	雪	長男

印

生	平成参年拾月参日

平成参年拾月参日東西市に於て出生同区内父母届出同日父入籍印

この謄本は、原戸籍の原本と相違ないことを認証する。

令和○年○月○日

　　　　○○県東西市長　　公　務　　正　男　［○○県東西市　東西市長之印］

被相続人の戸籍謄本等（その3）

前の戸籍から ②

本　　　籍	○○県東西市七里町１００番地１
氏　　　名	太田　広夫

この戸籍ができた日

戸籍事項	
戸籍改製	【改製日】平成１７年１１月１２日 【改製事由】平成６年法務省令第５１号附則第２条第１項による改製

戸籍に記載されている者	【名】広夫　被相続人
除　籍	【生年月日】昭和２８年２月２日 【父】太田義貞 【母】太田内子 【続柄】長男

身分事項 出　　生	【出生日】昭和２８年２月２日 【出生地】○○県東西市 【届出日】昭和２８年２月８日 【届出人】父
婚　　姻	【婚姻日】昭和５８年１月３１日 【配偶者氏名】足利緑 【従前戸籍】○○県東西市七里町１００番地１　太田義貞
死　　亡	【死亡日】令和２年４月１日 【死亡時分】午後３時３０分 【死亡地】○○県東西市 【届出日】令和２年４月２日 【届出人】親族　太田昴

死亡

戸籍に記載されている者	【名】緑　法定相続人
	【生年月日】昭和３１年４月６日 【父】足利高史 【母】足利美江 【続柄】二女

身分事項 出　　生	【出生日】昭和３１年４月６日 【出生地】○○県南北市 【届出日】昭和３１年４月６日 【届出人】父
婚　　姻	【婚姻日】昭和５８年１月３１日 【配偶者氏名】太田広夫 【従前戸籍】○○県南北市花咲町４０番地５　足利高史
配偶者の死亡	【配偶者の死亡】令和２年４月１日

発行番号０００００１　　　　　　　　　　　　　　　　　　　　　　　　　　以下次頁

戸籍に記載されている者	【名】桜
除　籍	【生年月日】平成元年4月8日 【父】太田広夫 【母】太田緑 【続柄】長女
身分事項 　出　　生	【出生日】平成元年4月8日 【出生地】○○県東西市 【届出日】平成元年4月8日 【届出人】父
婚　　姻	【婚姻日】平成29年11月22日 【配偶者氏名】桐生爽次 【新本籍】○○県東西市楠木町500番地5 【称する氏】夫の氏
戸籍に記載されている者	【名】昴　法定相続人
	【生年月日】平成3年12月1日 【父】太田広夫 【母】太田緑 【続柄】長男
身分事項 　出　　生	【出生日】平成3年12月1日 【出生地】○○県東西市 【届出日】平成3年12月1日 【届出人】父
	以下余白

発行番号000001

　これは，戸籍に記録されている事項の全部を証明した書面である。

令和○年○月○日

東西市長　　公　務　正　男

○○県
東西市
長之印

（2）法定相続人全員の現在の戸籍謄本（抄本）

　法定相続人については、その全員の戸籍謄本（または抄本）が必要です。この戸籍謄本（または抄本）は現在のものだけで足ります。

　なお、被相続人の戸籍謄本等（その3）は、法定相続人のうち妻・太田緑および長男・太田昴の現在の戸籍謄本でもありますので、この二人については別途現在の戸籍謄本（または抄本）を取得する必要はありません（同じ書類を2通提供する必要はありません）。長女・桐生桜は同戸籍から除籍されているので、現在の戸籍謄本（または抄本）を取得します。

（3）被相続人の住民票除票または戸籍附票

　上記（1）の戸籍謄本等では、被相続人・太田広夫について「（本籍）○○県東西市七里町100番地1」しか記載がありません。一方、93ページの全部事項証明書（土地）では、所有者・太田広夫について「（住所）○○県東西市川坂町423番地2」だけが記載されているため、この所有者と被相続人との同一性を証する書類が必要となります。

　そこで被相続人の住民票除票または戸籍附票によって、住所と本籍のつながりを証することになります。なお、住民票除票または戸籍附票は、交付申請時に記載を希望しないと本籍を省略されてしまいますので、必ず「本籍の記載あり」を希望して取得してください。

　被相続人の本籍と登記記録上の所有者の住所が一致している場合もあり、そのときには必須とまではいえないのですが、一般的に「被相続人の最後の住所」を証する書類として、被相続人の住民票除票または戸籍附票が必要と考えておきましょう。

FIGURE 5 法定相続人の戸籍謄本

<table>
<tr><td colspan="2"></td><td style="text-align:right">（1の1）</td><td>全部事項証明</td></tr>
<tr><td>本　籍</td><td colspan="3">○○県東西市楠木町５００番地５</td></tr>
<tr><td>氏　名</td><td colspan="3">桐生　爽次</td></tr>
<tr><td>戸籍事項
　戸籍編製</td><td colspan="3">【編製日】平成２９年１１月２２日</td></tr>
<tr><td>戸籍に記載されている者</td><td colspan="3">【名】爽次

【生年月日】昭和６４年１月２日　　　【配偶者区分】夫
【父】桐生三次
【母】桐生織子
【続柄】二男</td></tr>
<tr><td>身分事項
　出　　生

　婚　　姻</td><td colspan="3">【出生日】昭和６４年１月２日
【出生地】○○県東西市
【届出日】昭和６４年１月４日
【届出人】父

【婚姻日】平成２９年１１月２２日
【配偶者氏名】太田桜
【従前戸籍】○○県東西市楠木町５００番地５　桐生三次</td></tr>
<tr><td>戸籍に記載されている者</td><td colspan="3">【名】桜　法定相続人

【生年月日】平成元年４月８日　　　【配偶者区分】妻
【父】太田広大
【母】太田緑
【続柄】長女</td></tr>
<tr><td>身分事項
　出　　生

　婚　　姻</td><td colspan="3">【出生日】平成元年４月８日
【出生地】○○県東西市
【届出日】平成元年４月８日
【届出人】父

【婚姻日】平成２９年１１月２２日
【配偶者氏名】桐生爽次
【従前戸籍】○○県東西市七里町１００番地１　太田広夫</td></tr>
<tr><td colspan="4" style="text-align:right">以下余白</td></tr>
</table>

発行番号０００１００

これは，戸籍に記録されている事項の全部を証明した書面である。

令和○年○月○日

東西市長　　公　務　正　男

○○県
東西市
長之印

101

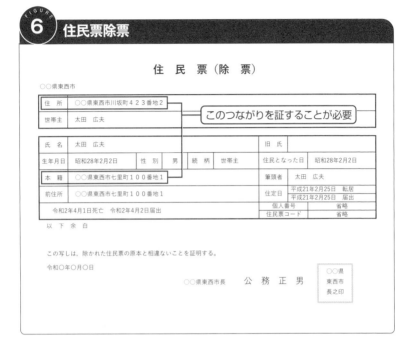

FIGURE 6 住民票除票

住 民 票（除 票）

○○県東西市

| 住 所 | ○○県東西市川坂町４２３番地２ | | | | | このつながりを証することが必要 |
| 世帯主 | 太田 広夫 | | | | | |

氏 名	太田 広夫					旧 氏	
生年月日	昭和28年2月2日	性 別	男	続 柄	世帯主	住民となった日	昭和28年2月2日
本 籍	○○県東西市七里町１００番地１					筆頭者	太田 広夫
前住所	○○県東西市七里町１００番地１					住定日	平成21年2月25日 転居／平成21年2月25日 届出
令和2年4月1日死亡 令和2年4月2日届出						個人番号	省略
						住民票コード	省略

以 下 余 白

この写しは，除かれた住民票の原本と相違ないことを証明する。

令和○年○月○日

○○県東西市長　公 務 正 男

○○県東西市長之印

（4）遺産分割協議書

　ケース1の遺産分割協議書の例を書式として掲げます。

　戸籍謄本等・住民票等・印鑑証明書は役所で取得する書類ですが、遺産分割協議書と相続関係説明図は自ら作成する書類です。パソコンで作成しプリンタ印刷するのも、全文を手書きするのも自由です。ただし下記のとおり、署名は各法定相続人が自筆でするのが望ましいです。用紙の大きさは自由ですが、相続登記の申請書に添付して提供することを考えると、A4版またはA3版二つ折り（袋とじ）を使用するのがよいでしょう。両面印刷しても差支えありませんが、コピーなどが面倒になるので片面印刷の方が使いやすいでしょう。

　遺産分割協議書に最低限必要な記載は、次の3点です。

①被相続人の表示（最後の住所または本籍、氏名、死亡年月日）

②遺産分割の内容（法定相続人のうち誰が、遺産のうち何を取得するか）

③法定相続人全員の住所、氏名、捺印（実印による）

　遺産分割協議書は、後日の証拠として残す意味もあるので、上記③の法定相続人の氏名は、本人の自筆による署名が望ましいです。遺産分割協議は法定相続人全員が合意しなければ成立しませんので、一部の法定相続人の署名捺印を欠いた遺産分割協議書は効力を持ちません。また、法定相続人以外の者が遺産分割協議に参加することは原則としてできませんので、法定相続人以外の者が遺産分割協議書に署名捺印するのも原則として不可です。

　不動産の表示は、全部事項証明書の記載どおりに記載します。（普通）建物または区分建物の場合の記載は、119ページおよび141ページを参照してください。

　この書式では「土地1筆の取得」のことしか記載がありませんが、現実の遺産分割協議書では他の不動産や預貯金等の遺産についても遺産分割の内容が記載されることがあります。

　遺産分割協議書が2枚以上の用紙にわたるときには、そのつづり目に契印（割印）をします。

FIGURE
7　遺産分割協議書

遺産分割協議書

最後の住所　　○○県東西市川坂町４２３番地２
被 相 続 人　　太田　広夫

　上記被相続人は令和２年４月１日死亡し、相続が開始したところ、共同相続人全員による遺産分割協議の結果、次のとおり合意した。

1　被相続人の遺産に属する下記不動産は、相続人　太田　昴（被相続人の長男）がこれを取得する。

記

不動産の表示
　　所　　　在　　○○県東西市川坂町字諏訪前
　　地　　　番　　４２３番２
　　地　　　目　　宅地
　　地　　　積　　２７２・５０平方メートル

以上

　上記遺産分割協議の成立を証するため、本協議書を作成し、共同相続人の全員が次に署名捺印する。

　令和○年○月○日

　　　　住所　○○県東西市川坂町４２３番地２
　　　　（続柄：被相続人の妻）　　　　　　太田　緑　（実印）

　　　　住所　○○県東西市楠木町５００番地５
　　　　（続柄：被相続人の長女）　　　　　桐生　桜　（実印）

　　　　住所　○○県東西市中町１番地９
　　　　（続柄：被相続人の長男）　　　　　太田　昴　（実印）

※用紙が2枚以上にわたるときは契印（割印）する。

（5）遺産分割協議書に捺印した全員の印鑑証明書

遺産分割協議書に捺印した全員の印鑑証明書を添付します。

相続登記だけに限っていえば、不動産を取得する相続人、つまりこのケース1の太田昴の印鑑証明書は不要とする取り扱いもありますが、1通の遺産分割協議書で複数の不動産をそれぞれ別々の相続人が取得することがあり、不動産に限らず預貯金等の遺産分割の内容を決定することもありますので、やはり全員の印鑑証明書が必要と考えておきましょう。

FIGURE 8 印鑑証明書

印鑑登録証明書

印　影	氏　名	太田　緑
	旧　氏	
（太田緑印）	生年月日	昭和31年4月6日
	住　所	○○県東西市川坂町423番地2
	備　考	

この写しは，登録されている印影と相違ないことを証明します。

令和○年○月○日

　　　　　　　　○○県東西市長　　公　務　正　男

○○市
東西市
長之印

※桐生緑・太田昴の印鑑証明書も必要ですが、書式は省略します。

（6）相続関係説明図

　ケース1の相続関係説明図の例を書式として掲げます。

　相続関係説明図は自ら作成する書類です。パソコンで作成しプリンタ印刷するのも、全文を手書きするのも自由です。用紙の大きさは自由ですが、相続登記の申請書に添付して提供することを考えると、A4版を使用するのがよいでしょう。パソコンで作成する場合、ワープロソフトよりも表計算ソフトの方が作りやすいと思います。

　相続関係説明図の中の「分割」という記載は、「遺産分割協議によって相続登記の申請にかかる不動産を取得しない人」という意味です。

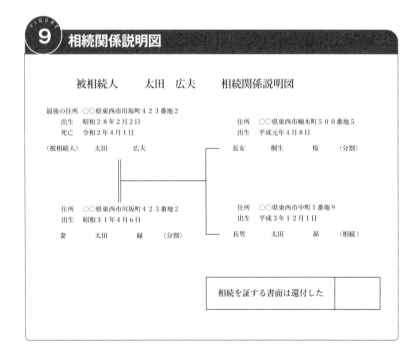

FIGURE 9　相続関係説明図

被相続人　　太田　広夫　　相続関係説明図

最後の住所　○○県東西市川坂町423番地2
　　出生　昭和28年2月2日
　　死亡　令和2年4月1日

（被相続人）　太田　　広夫

住所　○○県東西市楠木町500番地5
出生　平成元年4月8日

長女　桐生　　桜　　（分割）

住所　○○県東西市川坂町423番地2
出生　昭和31年4月6日

妻　太田　　緑　　（分割）

住所　○○県東西市中町1番地9
出生　平成3年12月1日

長男　太田　　昴　　（相続）

相続を証する書面は還付した

③ ケース1の相続証明書：まとめ

　以上の各書類の全部をまとめたものが、ケース1の被相続人・太田広夫の相続証明書です。なお、戸籍謄本等は人によって異なり、必ずしも本書に掲げたような種類・通数・記載内容になるわけではありませんので、この点は十分にご理解ください。

　戸籍謄本等や印鑑証明書などに「取得から何か月以内」という期限はありません。ただし、被相続人の死亡を証する戸籍謄本等（その3）は、被相続人の死亡後に取得したものであることが必要です（そもそも被相続人の死亡後でなければ、死亡の記載がされていません）。また、法定相続人の戸籍謄本（または抄本）も、被相続人の死亡後に取得したものであることが必要です。

　被相続人の生前にした遺産分割協議は無効ですので、当然、遺産分割協議書の作成の日付も被相続人の死亡後でなければなりません。

　相続登記には、相続証明書の各書類の原本の提供が必要であり、コピーだけでは足りません。相続登記に提出した原本の返却を求めるときには、原本還付の手続き（178ページ）を取ります。

相続証明書は
ご理解いただけましたか？
ケース1はケース2〜ケース5を
含めすべての基本です

遺産分割協議書と遺産分割協議「証明」書

　本書で紹介する遺産分割協議書は、法定相続人全員が「連署」する形の書式になっています。この署名捺印は、法定相続人が一堂に集まって同時にするのでもよいですし、1人が署名捺印したら次の人に書類を送付して全員の署名捺印を集めるのでも構いません。

　そこで、「同じ内容の遺産分割協議書を法定相続人の数だけ作成し、1人が1枚に署名捺印する形で全員分の枚数をそろえるのではダメなのか?」という疑問が生じます。郵送して署名捺印を集めるにしても、「1人1枚」の形式であれば、1通の遺産分割協議書に順次署名捺印するより効率的に作業を行うことができます。

　結論を先取りしていうと、「1人1枚」の形式で遺産分割協議書を作成するときには、次のページに示すような**遺産分割協議証明書**という書類を作成するのが普通です。

　「『協議書』と『協議証明書』と大差ないじゃないか?」と思うかもしれませんが、法律的に難しい話をするならば、「処分証書」と「報告証書」の違いがあり、「1人1枚」の形で処分証書である遺産分割協議書を作成するには、やや面倒な工夫が必要になってしまうのです。あまり深い議論には立ち入りませんが、「連署」する場合には「遺産分割協議書」、「1人1枚」の場合は「遺産分割協議証明書」と、結論だけ覚えてもらえば一般的にはよろしいかと思います。

　遺産分割協議書でも遺産分割協議証明書でも、法定相続人全員の署名捺印がそろっていれば、相続登記に使用することができます。

▼遺産分割協議証明書

※ケース1に関する遺産分割協議書（104ページ）を遺産分割協議
証明書にしたもの

遺産分割協議証明書

最後の住所　　○○県東西市川坂町４２３番地２
被 相 続 人　　太田　広夫

上記被相続人は令和２年４月１日死亡し、相続が開始したとこ
ろ、共同相続人全員による遺産分割協議の結果、次のとおり合意
した。

1　被相続人の遺産に属する下記不動産は、相続人　太田　昴（被
相続人の長男）がこれを取得する。

記

不動産の表示
　所　　在　　○○県東西市川坂町字諏訪前
　地　　番　　４２３番２
　地　　目　　宅地
　地　　積　　２７２・５０平方メートル

以上

上記のとおり遺産分割協議が成立したことを証明する。

令和○年○月○日

　　住所　○○県東西市川坂町４２３番地２
　　（続柄：被相続人の妻）　　　　　太田　緑　　（実印）

（同じ書類を桐生桜、太田昴についても１枚ずつ作成する。）

※法定相続人全員の遺産分割協議証明書がそろわないと、使用する
ことができません。

配偶者と母が法定相続人、遺産分割協議で配偶者が不動産を取得する場合（ケース2）

配偶者と母が法定相続人であり、遺産分割協議によって配偶者が不動産を取得するケースについて解説します。

1 必要書類

このケース2の相続証明書は、以下のとおりです。

（1）被相続人の出生から死亡までの記載がある戸籍謄本等

（2）被相続人の父母（直系尊属）のうち死亡した者がいるときはその死亡の記載がある戸籍謄本等

（3）法定相続人全員の現在の戸籍謄本（抄本）

（4）被相続人の住民票除票または戸籍附票

（5）遺産分割協議書

（6）遺産分割協議書に捺印した全員の印鑑証明書

（7）相続関係説明図

ここからは、各書類についてより具体的に見ていきます。

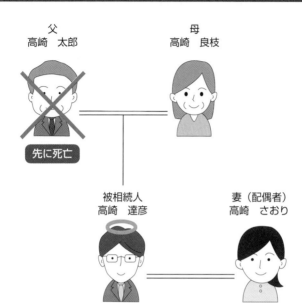

父 高崎 太郎	母 高崎 良枝

先に死亡

被相続人 高崎 達彦	妻（配偶者） 高崎 さおり

○○県東西市田園町523-2　　　　　　　　　　　　全部事項証明書　　　　（建物）

表 題 部	(主である建物の表示)		調製	余 白		不動産番号	0000000000002

所在図番号	余 白

所　在	○○県東西市田園町字漆原　523番地2	余 白

家屋番号	523番2	余 白

① 種 類	② 構 造	③ 床 面 積　㎡	原因及びその日付〔登記の日付〕
居宅	木造亜鉛メッキ鋼板葺平 家建	92　34	平成22年2月22日新築 〔平成22年2月24日〕

所 有 者	○○県東西市田園町523番地2　高 崎 達 彦

権 利 部	（甲区）	（所 有 権 に 関 す る 事 項）	
順位番号	登 記 の 目 的	受付年月日・受付番号	権 利 者 そ の 他 の 事 項
1	所有権保存	平成22年3月1日 第1432号	所有者　○○県東西市田園町523番地2 　　　　高 崎 達 彦

遺産分割協議により妻・高崎さおりが取得する

（1）被相続人の出生から死亡までの記載がある戸籍謄本等

　被相続人の出生から死亡までの記載のある戸籍謄本等の例を「その1」から「その3」まで掲げます。第2章で解説したとおり（50ページ）、出生・婚姻・離婚・子の出生・死亡といった人の一生は、すべて戸籍に記載されています。被相続人について、一生の（出生から死亡までの）戸籍謄本等を途切れることなく取得することが必要です。

　ポイントは、その戸籍がいつ編成された（できた）のか、次にどの戸籍につながっているのか、その「つながり」を見ることです。戸籍謄本等の例の中にポイントを書き込みましたので、ご確認ください。もっとも、これらの戸籍謄本等はあくまでも一例であり、被相続人によって戸籍謄本等の種類・通数・記載内容は異なります。

　これら被相続人の出生から死亡までの記載がある戸籍謄本等は、必ず謄本でなければならず、抄本では不可です。

戸籍謄本等の「つながり」を
よく確認してください

FIGURE 11 被相続人の戸籍謄本等（その1）

改製原戸籍

平成六年法務省令第五十一号附則第二条第一項による改製につき平成七年拾月弐拾弐日消除㊞

本籍　○○縣東西市室町弐百番地弐

氏名　高崎太郎

婚姻の届出により昭和六年弐月五日夫婦につき本戸籍編成㊞

この戸籍ができた日

父　高崎所次　弐男
母　とら

昭和弐年六月五日東西市室町弐百番地下出生父高崎所次届出同月拾日受附入籍㊞

弐女高崎梅と婚姻届出昭和六年弐月五日受附東西市室町…より入籍㊞

父の死亡　平成五年四月拾弐日午前六時分…死亡同日届出…消除㊞

夫

太郎

生出　昭和弐年六月拾五日

戸籍簿　　○○縣東西市役所

昭和六年七月拾日○○縣邇井市田園町六番地下出生父出雲區…出届出同日受附入籍㊞

父　邇庭又三郎　長女
母　かね

新六番地邇庭又三郎戸籍より入籍㊞

平成五年四月拾弐日夫死亡㊞

妻

良枝

生出　昭和六年七月拾日

父　邇庭又三郎
母　良枝　長男

昭和弐年拾七年参月六日本籍下出生父高崎太郎届出同月七日受附入籍㊞

出生

昭和五年拾七年参月六日北承まさゑより婚姻届出東西市室町弐百番地…編成㊞

婚姻　**被相続人**

次の戸籍く →

達彦

生出　昭和弐年拾七年参月六日

①

この謄本は、原戸籍の原本と相違ないことを認証する。

令和○年○月○日

○○縣東西市長　公務正男　㊞

○○県東西市長之印

FIGURE
12 被相続人の戸籍謄本等（その2）

改製原戸籍

平成六年法務省令第五十一号附則第二条第一項による改製につき平成拾七年拾参月拾弐日消除㊞

次の戸籍へ → ②

①

前の戸籍から

本籍　○○県東西市室町弐百番地弐

氏名　高崎達彦

昭和五拾弐年参月参日編製㊞

この戸籍ができた日

昭和弐拾七年参月六日東西市で出生同月七日父届出入籍㊞
昭和五拾弐年参月参日妻さおりと婚姻届出東西市室町弐百番地弐
妻さおりと婚姻届出東西市室町弐百番地弐

前戸籍高崎大郎戸籍から入籍㊞

父　高崎大郎
母　良枝

長男

被相続人

夫　達彦

生出　昭和弐拾七年参月六日

婚姻

昭和弐拾九年参月参日○○県横北市で出生同日父届出入籍㊞
昭和五拾弐年参月参日高崎達彦と婚姻届出○○県横北市室町前

父　北条捨夫
母　一江

二女

妻　さおり

生出　昭和弐拾九年参月参日

この謄本は、原戸籍の原本と相違ないことを認証する。

令和○年○月○日

○○県東西市長　公　務　正　男

○○県
東西市
長之印

114

FIGURE 13 被相続人の戸籍謄本等（その3）

前の戸籍から ─ ②

(1の1) | 全部事項証明

本　籍	○○県東西市室町２００番地２
氏　名	高崎　達彦

この戸籍ができた日

戸籍事項 戸籍改製	【改製日】平成１７年１１月１２日 【改製事由】平成６年法務省令第５１号附則第２条第１項による改製
戸籍に記載されている者 除　籍	【名】達彦　被相続人 【生年月日】昭和２７年１月６日 【父】高崎太郎 【母】高崎良枝 【続柄】長男
身分事項 出　生	【出生日】昭和２７年１月６日 【出生地】○○県東西市 【届出日】昭和２７年１月７日 【届出人】父
婚　姻	【婚姻日】昭和５２年３月３日 【配偶者氏名】北条さおり 【従前戸籍】○○県東西市室町２００番地２　高崎太郎
死　亡	【死亡日】令和２年４月２日 【死亡時分】午後３時３０分 【死亡地】○○県東西市 【届出日】令和２年４月２日 【届出人】親族　高崎さおり　　死亡
戸籍に記載されている者	【名】さおり　法定相続人 【生年月日】昭和２９年３月３日 【父】北条時夫 【母】北条一江 【続柄】三女
身分事項 出　生	【出生日】昭和２９年３月３日 【出生地】○○県南北市 【届出日】昭和２９年３月３日 【届出人】父
婚　姻	【婚姻日】昭和５２年３月３日 【配偶者氏名】高崎達彦 【従前戸籍】○○県南北市山崎町３０３番地　北条時夫
配偶者の死亡	【配偶者の死亡日】令和２年４月２日
	以下余白

発行番号０００００２

これは，戸籍に記録されている事項の全部を証明した書面である。

令和○年○月○日

東西市長　　公　務　正　男

○○県
東西市
長之印

（2）被相続人の父母（直系尊属）のうち死亡した者がいるときはその死亡の記載がある戸籍謄本等

　ケース2は、第2順位の父母（直系尊属）が法定相続人となるべき場合です。ただし、父・高崎太郎は被相続人・高崎達彦より先に死亡しています。被相続人よりも先に（または被相続人と同時に）死亡した者は法定相続人となりません（法定相続人の ルール4 ）ので、被相続人の父母（直系尊属）のうち死亡した者がいる場合には、その死亡の記載がある戸籍謄本等が必要です。

　ただし、このケースの父・高崎太郎は、平成15年4月21日に死亡したことが被相続人の戸籍謄本等（その1）に記載されていますので、別途戸籍謄本等を取得する必要はありません（同じ書類を2通提供する必要はありません）。

（3）法定相続人全員の現在の戸籍謄本（抄本）

　法定相続人については、その全員の戸籍謄本（または抄本）が必要です。この戸籍謄本（または抄本）は現在のものだけで足ります。

　被相続人の戸籍謄本等（その3）は、同時に法定相続人である妻・高崎さおりの現在の戸籍謄本ですので、同人については別途取得する必要はありません（同じ書類を2通提供する必要はありません）。法定相続人である母・高崎良枝の現在の戸籍謄本（または抄本）は、別途必要となります。

FIGURE
14

法定相続人の戸籍謄本

			(1の1)	全部事項証明

本　　籍	○○県東西市室町２００番地２
氏　　名	高崎　太郎

戸籍事項 　戸籍改製	【改製日】平成１７年１１月１２日 【改製事由】平成６年法務省令第５１号附則第２条第１項による改製

戸籍に記載されている者 除　籍	【名】太郎 【生年月日】昭和２年６月１５日 【父】高崎宗次 【母】高崎とら 【続柄】二男

戸籍に記載されている者	【名】良枝　法定相続人 【生年月日】昭和６年７月３０日 【父】後藤又三郎 【母】後藤かね 【続柄】長女

身分事項 　出　　生	【出生日】昭和６年７月３０日 【出生地】○○県遠井市 【届出日】昭和６年７月３０日 【届出人】父

	以下余白

発行番号０００２０２

　これは，戸籍に記録されている事項の全部を証明した書面である。

　　　令和○年○月○日

　　　　　　　東西市長　　公　務　正　男

○○県
東西市
長之印

（4）被相続人の住民票除票または戸籍附票

　解説は、ケース1に関する「「(3) 被相続人の住民票または戸籍附票」
（100ページ）を参照してください。

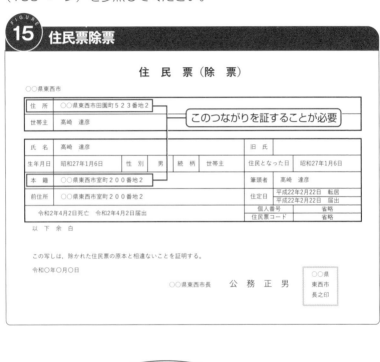

FIGURE 15　住民票除票

住　民　票（除　票）

○○県東西市

| 住　所 | ○○県東西市田園町５２３番地２ |
| 世帯主 | 高崎　達彦 |

このつながりを証することが必要

氏　名	高崎　達彦					旧　氏	
生年月日	昭和27年1月6日	性　別	男	続　柄	世帯主	住民となった日	昭和27年1月6日
本　籍	○○県東西市室町２００番地２					筆頭者	高崎　達彦
前住所	○○県東西市室町２００番地２					住定日	平成22年2月22日　転居 平成22年2月22日　届出
令和2年4月2日死亡　令和2年4月2日届出						個人番号	省略
						住民票コード	省略

以　下　余　白

この写しは、除かれた住民票の原本と相違ないことを証明する。

令和○年○月○日

　　　　　　　　　　　　　　○○県東西市長　　公　務　正　男

○○県
東西市
長之印

書式は住民票除票ですが
被相続人の戸籍附票を
添付してもよいです。
「どちらか一方」が必要です

118

(5) 遺産分割協議書

解説は、ケース1に関する「(4) 遺産分割協議書」(102ページ)を参照してください。なお、区分建物の場合の不動産の記載は、141ページを参照してください。

FIGURE
16 遺産分割協議書

遺産分割協議書

最後の住所　　○○県東西市田園町５２３番地２
被 相 続 人　　高崎　達彦

上記被相続人は令和２年４月２日死亡し、相続が開始したところ、共同相続人全員による遺産分割協議の結果、次のとおり合意した。

1　被相続人の遺産に属する下記不動産は、相続人　高崎　さおり（被相続人の妻）がこれを取得する。

記

不動産の表示
所　　在　　○○県東西市田園町字漆原　５２３番地２
家屋番号　　５２３番２
種　　類　　居宅
構　　造　　木造亜鉛メッキ鋼板葺平家建
床 面 積　　９２・３４平方メートル

以上

上記遺産分割協議の成立を証するため、本協議書を作成し、共同相続人の全員が次に署名捺印する。

令和○年○月○日

住所　○○県東西市田園町５２３番地２
（続柄：被相続人の妻）　　高崎　さおり　　（実印）

住所　○○県東西市室町２００番地２
（続柄：被相続人の母）　　高崎　良枝　　　（実印）

※用紙が２枚以上にわたるときは契印（割印）する。

（6）遺産分割協議書に捺印した全員の印鑑証明書

解説は、ケース1に関する「（5）遺産分割協議書に捺印した全員の印鑑証明書」の解説（105ページ）を参照してください。書式は省略します。

（7）相続関係説明図

解説は、ケース1に関する「（6）相続関係説明図」の解説（106ページ）を参照してください。

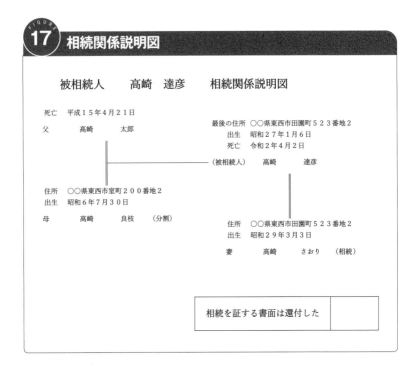

FIGURE 17　相続関係説明図

被相続人　　高崎　達彦　　相続関係説明図

死亡　平成15年4月21日
父　　高崎　　太郎

最後の住所　○○県東西市田園町523番地2
　　出生　昭和27年1月6日
　　死亡　令和2年4月2日

（被相続人）　高崎　　達彦

住所　○○県東西市室町200番地2
出生　昭和6年7月30日
母　　高崎　　良枝　　（分割）

住所　○○県東西市田園町523番地2
出生　昭和29年3月3日
妻　　高崎　　さおり　　（相続）

相続を証する書面は還付した

3 ケース2の相続証明書：まとめ

　以上の各書類の全部をまとめたものが、ケース2の被相続人・高崎達彦の相続証明書です。その他の注意事項は、ケース1に関する「❸ ケース1の相続証明書：まとめ」の解説（107ページ）を参照してください。

👉 ワンポイント

相続放棄をした人がいる場合

　法定相続人の中に相続放棄（42ページ）をした人がいる場合、家庭裁判所で発行した相続放棄申述受理証明書という書類を相続証明書の一部として添付する必要があります。相続放棄申述受理証明書は、相続放棄をした本人のほか、他の法定相続人も一定の書類を提出することで取得することができます。詳しくは家庭裁判所のホームページをご参照いただくか、家庭裁判所窓口でご相談ください。なお、相続放棄を管轄する家庭裁判所は、通常、被相続人の最後の住所地を管轄する家庭裁判所です。相続放棄申述受理証明書のサンプルを次のページに掲げます。

　相続放棄をした法定相続人は「初めから相続人とならなかったもの」とみなされます。したがって、遺産分割協議に参加することはできません。相続放棄申述受理証明書を添付した法定相続人については、遺産分割協議書への署名捺印および印鑑証明書の添付は不要です。なお、相続放棄によって相続の順位が変わる場合（44ページ）がありますので、よくご確認ください。父母（直系尊属）が法定相続人の場合に、その者が相続放棄をすると相続の順位が変わる可能性が高いです。

　しかし、相続放棄という言葉はいろいろな意味に使われることがあり、「遺産分割協議その他で事実上遺産をいっさいもらわなかった」

ことを「相続放棄した」と表現する人もいますので、注意が必要です。家庭裁判所で相続放棄の申述の手続きをしていない法定相続人については、当然、相続放棄申述受理証明書は発行されません。

▼相続放棄申述受理証明書・サンプル

相 続 放 棄 申 述 受 理 証 明 書

事 件 番 号　　　令和○年（家）第○○号

申 述 人 氏 名　　　高 崎　　良 枝

被 相 続 人 氏 名　　　高 崎　　達 彦

本　　　　　籍　　　○○県東西市室町２００番地２

死 亡 年 月 日　　　令和２年４月２日

申述を受理した日　　　令和２年６月２日

　　　上記のとおり証明する。

　　　　　令和○年○月○日

　　　　　　○○家庭裁判所東西支部

　　　　　　裁判所書記官　遠 山　　欣 司

| 裁判所 |
| 書記官 |
| 之 印 |

配偶者と姉・弟が法定相続人、遺産分割協議で姉が不動産を取得する場合（ケース3）

配偶者と姉・弟が法定相続人であり、姉が不動産を取得する
ケースについて解説します。

1 必要書類

このケース3の相続証明書は、以下のとおりです。

（1）被相続人の出生から死亡までの記載がある戸籍謄本等

（2）被相続人の父母の出生から死亡までの記載がある戸籍謄本等

（3）法定相続人全員の現在の戸籍謄本（抄本）

（4）被相続人の住民票除票または戸籍附票

（5）遺産分割協議書

（6）遺産分割協議書に捺印した全員の印鑑証明書

（7）相続関係説明図

ここからは、各書類についてより具体的に見ていきます。

FIGURE
18 ケース3

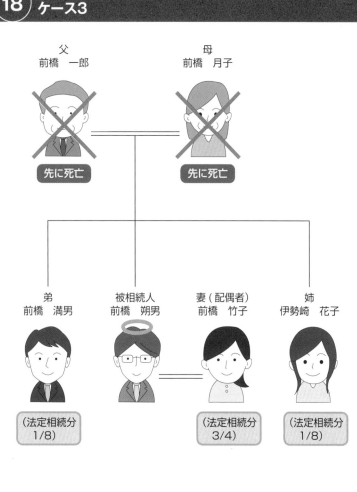

父
前橋 一郎

母
前橋 月子

先に死亡

先に死亡

弟
前橋 満男

被相続人
前橋 朔男

妻（配偶者）
前橋 竹子

姉
伊勢崎 花子

（法定相続分
1/8）

（法定相続分
3/4）

（法定相続分
1/8）

○○県東西市山下町１２３－１－３０３　　　　　　全部事項証明書　　　　（建物）

専有部分の家屋番号	１２３－１－１０１　１２３－１－２０１　～　１２３－１－２０４
	１２３－１－３０１　～　１２３－１－３０４　１２３－１－４０１　～　１２３－１－４０３

表 題 部	（一棟の建物の表示）		調製	余 白		所在図番号	余 白

所　在	東西市山下町　１２３番地１		余 白

建物の名称	スターマンション駅前	余 白

① 構　造	③ 床 面 積　㎡	原因及びその日付〔登記の日付〕
鉄筋コンクリート造陸屋根４階建	1階　　100：55 2階　　285：62 3階　　285：62 4階　　242：35	〔平成２１年２月１日〕

表 題 部	（敷地権の目的である土地の表示）					
①土地の符号	② 所 在 及 び 地 番	③地目	④ 地　積　㎡		登 記 の 日 付	
1	東西市山下町１２３番１	宅地	410：33		平成２１年２月１日	

表 題 部	（専有部分の建物の表示）		不動産番号	０００００００００００３
家屋番号	山下町　１２３番１の３０３		余 白	
建物の名称	３０３		余 白	

① 種　類	② 構　造	③ 床 面 積	原因及びその日付〔登記の日付〕
居宅	鉄筋コンクリート造１階建	3階部分　71：40	平成２１年１月１５日新築 〔平成２１年２月１日〕

表 題 部	（敷地権の表示）		
①土地の符号	②敷地権の種類	③ 敷 地 権 の 割 合	原因及びその日付〔登記の日付〕
1	所有権	９１４１４分の７１４０	平成２１年１月１５日敷地権 〔平成２１年２月１日〕

所 有 者	東京都湾岸区七本木八丁目２番９号　スター　開　発　株　式　会　社

権 利 部	（甲区）	（所 有 権 に 関 す る 事 項）	
順位番号	登 記 の 目 的	受付年月日・受付番号	権 利 者 そ の 他 の 事 項
1	所有権保存	平成２１年３月１５日 第４２５３号	原因　平成２１年３月１５日売買 所有者　東京都学文区前楽二丁目５番５号 株 式 会 社 前 楽 不 動 産
2	所有権移転	平成２１年１２月２日 第２２３３４号	原因　平成２１年１２月２日売買 所有者　○○県東西市山下町１２３番地１－３０３号 前 橋 朔 男

遺産分割協議により姉・伊勢崎花子が取得する

各書類の解説

（1）被相続人の出生から死亡までの記載がある戸籍謄本等

　被相続人の出生から死亡までの記載のある戸籍謄本等の例を「その1」から「その3」まで掲げます。第2章で解説したとおり（50ページ）、出生・婚姻・離婚・子の出生・死亡といった人の一生は、すべて戸籍に記載されています。被相続人について、一生の（出生から死亡までの）戸籍謄本等を途切れることなく取得することが必要です。

　ポイントは、その戸籍がいつ編成された（できた）のか、次にどの戸籍につながっているのか、その「つながり」を見ることです。戸籍謄本等の例の中にポイントを書き込みましたので、ご確認ください。もっとも、これらの戸籍謄本等はあくまでも一例であり、被相続人によって戸籍謄本等の種類・通数・記載内容は異なります。

　これら被相続人の出生から死亡までの記載がある戸籍謄本等は、必ず謄本でなければならず、抄本では不可です。

兄弟姉妹が法定相続人となるときは必要な戸籍謄本等が多くなりがちです

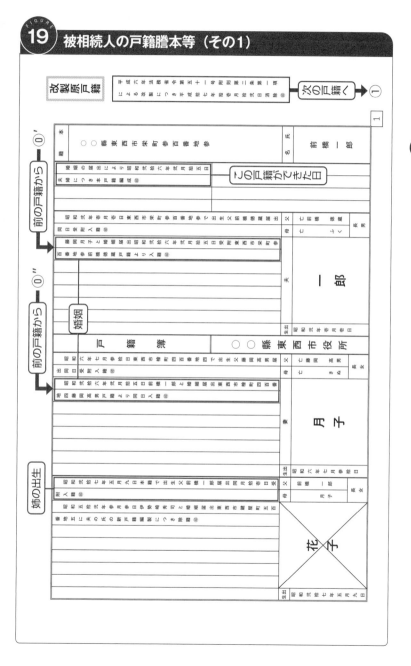

2

出生　昭和弐拾九年七月八日本籍で出生父前川一郎届出同月拾回日受附入籍㊞

父　前川一郎
母　月子
長男
被相続人
朔男
出生　昭和弐拾九年七月八日

弟の出生　昭和参拾弐年五月参日本籍で出生父前川一郎届出同月拾参日受附入籍㊞
昭和六拾参年四月参日相模原市緑区○○届出東西市長から送付同月六日審地六大夫の氏の新戸籍編製につき除籍㊞

父　前川一郎
母　月子
二男
満男
出生　昭和参拾弐年五月参日

この謄本は、原戸籍の原本と相違ないことを認証する。

令和○年○月○日

○○県東西市長　公務正男　[○○県東西市長之印]

FIGURE 20　被相続人の戸籍謄本等（その2）

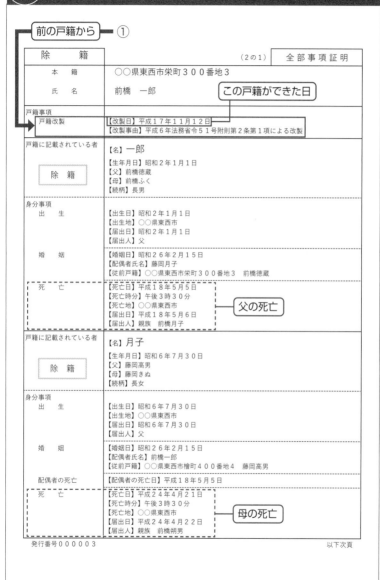

前の戸籍から ━━ ①

除　　籍	(2の1)	全 部 事 項 証 明

本　　籍	○○県東西市栄町３００番地３
氏　　名	前橋　一郎

この戸籍ができた日

戸籍事項	
戸籍改製	【改製日】平成１７年１１月１２日 【改製事由】平成６年法務省令５１号附則第２条第１項による改製

戸籍に記載されている者 除　　籍	【名】一郎
	【生年月日】昭和２年１月１日 【父】前橋徳蔵 【母】前橋ふく 【続柄】長男

身分事項 出　　生	【出生日】昭和２年１月１日 【出生地】○○県東西市 【届出日】昭和２年１月１日 【届出人】父
婚　　姻	【婚姻日】昭和２６年２月１５日 【配偶者氏名】藤岡月子 【従前戸籍】○○県東西市栄町３００番地３　前橋徳蔵
死　　亡	【死亡日】平成１８年５月５日 【死亡時分】午後３時３０分 【死亡地】○○県東西市 【届出日】平成１８年５月６日 【届出人】親族　前橋月子

父の死亡

戸籍に記載されている者 除　　籍	【名】月子
	【生年月日】昭和６年７月３０日 【父】藤岡高男 【母】藤岡きぬ 【続柄】長女

身分事項 出　　生	【出生日】昭和６年７月３０日 【出生地】○○県東西市 【届出日】昭和６年７月３０日 【届出人】父
婚　　姻	【婚姻日】昭和２６年２月１５日 【配偶者氏名】前橋一郎 【従前戸籍】○○県東西市檜町４００番地４　藤岡高男
配偶者の死亡	【配偶者の死亡日】平成１８年５月５日
死　　亡	【死亡日】平成２４年４月２１日 【死亡時分】午後３時３０分 【死亡地】○○県東西市 【届出日】平成２４年４月２２日 【届出人】親族　前橋朔男

母の死亡

発行番号０００００３　　　　　　　　　　　　　　　　　　　　　　　　以下次頁

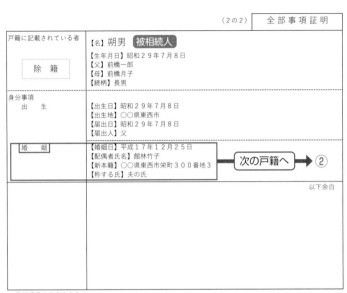

戸籍に記載されている者	【名】朔男　被相続人
除　籍	【生年月日】昭和29年7月8日 【父】前橋一郎 【母】前橋月子 【続柄】長男
身分事項 　出　生	【出生日】昭和29年7月8日 【出生地】○○県東西市 【届出日】昭和29年7月8日 【届出人】父
婚　姻	【婚姻日】平成17年12月25日 【配偶者氏名】館林竹子 【新本籍】○○県東西市栄町300番地3 【称する氏】夫の氏

次の戸籍へ → ②

以下余白

発行番号000003

これは，除籍に記録されている事項の全部を証明した書面である。

令和○年○月○日

東西市長　　公　務　正　男

○○県
東西市
長之印

FIGURE 21 被相続人の戸籍謄本等 (その3)

前の戸籍から ②

(1の1) | 全部事項証明

本　籍	○○県東西市栄町300番地3
氏　名	前橋　朔男

この戸籍ができた日

戸籍事項	
戸籍編製	【編製日】平成17年12月25日

戸籍に記載されている者	【名】朔男　**被相続人**
除　籍	【生年月日】昭和29年7月8日 【父】前橋一郎 【母】前橋月子 【続柄】長男

身分事項 出　生	【出生日】昭和29年7月8日 【出生地】○○県東西市 【届出日】昭和29年7月8日 【届出人】父
婚　姻	【婚姻日】平成17年12月25日 【配偶者氏名】館林竹子 【従前戸籍】○○県東西市栄町300番地3　前橋一郎
死　亡	【死亡日】令和2年4月3日 【死亡時分】午後3時30分 【死亡地】○○県東西市 【届出日】令和2年4月3日 【届出人】親族　前橋竹子

死亡

戸籍に記載されている者	【名】竹子　**法定相続人**
	【生年月日】昭和42年9月1日 【父】館林綱吉 【母】館林公子 【続柄】三女

身分事項 出　生	【出生日】昭和42年9月1日 【出生地】○○県東西市 【届出日】昭和42年9月5日 【届出人】父
婚　姻	【婚姻日】平成17年12月25日 【配偶者氏名】前橋朔男 【従前戸籍】○○県東西市本丸町5番地　館林綱吉
配偶者の死亡	【配偶者の死亡日】令和2年4月3日

以下余白

発行番号000300

これは，戸籍に記録されている事項の全部を証明した書面である。

令和○年○月○日

東西市長　　公 務 正 男

○○県
東西市
長之印

（2）被相続人の父母の出生から死亡までの記載がある戸籍謄本等

　ケース3は、第3順位の兄弟姉妹が法定相続人となるべき場合です。この場合、原則として被相続人の父母についても、出生から死亡までの記載がある戸籍謄本等が必要となります。なぜなら、被相続人の戸籍謄本等（その1）は被相続人の父母が婚姻したときからの戸籍ですが、このとき、父・前橋一郎は満24歳、母・前橋月子は満19歳で、可能性としてはそれ以前に子をなしていた可能性があるからです。もし、それ以前に子がいた場合、その子もまた兄弟姉妹となります。

　被相続人の父母について、出生にさかのぼった戸籍謄本等の例を掲げます。注意すべきポイントは被相続人と同じく戸籍の「つながり」であり、一生の（出生から死亡までの）戸籍謄本等を途切れることなく取得することが必要です。なお、被相続人の父母の婚姻後の戸籍謄本等（死亡まで）については、被相続人の戸籍謄本等（その1）（その2）であり、それを兼用することができます（同じ書類を2通提供する必要はありません）。

　これらの戸籍謄本等はあくまでも一例であり、被相続人の父母によって戸籍謄本等の種類・通数・記載内容は異なります。

　これら被相続人の父母の出生から死亡までの記載がある戸籍謄本等は、必ず謄本でなければならず、抄本では不可です。

FIGURE

22 被相続人の父母の戸籍謄本等（その1）

改製原戸籍

1

本籍	○○縣東西市栄町参百番地参
前戸主	前橋為三

（記載事項省略）

昭和元年拾弐月弐拾六日前戸主前橋為三死亡ニ因リ家督相續届出同月参拾日受附㊞

昭和弐拾四年弐月壱日本籍ニ於テ死亡長男前橋一郎届出同月参日受附㊞

（記載事項省略）

前戸主トノ續柄	亡前橋為三長男
父	亡 前橋為三
母	モト
続柄	長男
戸主	前橋徳蔵
出生	明治参拾九年弐月壱日

この戸籍ができた日

戸籍簿　○○縣東西市役所

（記載事項省略）

父	亡 渋川萬藏
母	亡 きね
続柄	弐女
母	モト
出生	明治拾八年参月壱日

（記載事項省略）

昭和拾九年弐月壱日本籍ニ於テ死亡戸主前橋徳蔵届出同月参日受附㊞

（記載事項省略）

父	富岡弥一
母	まつ
続柄	長女
妻	ふく
出生	明治四拾壱年弐月壱日

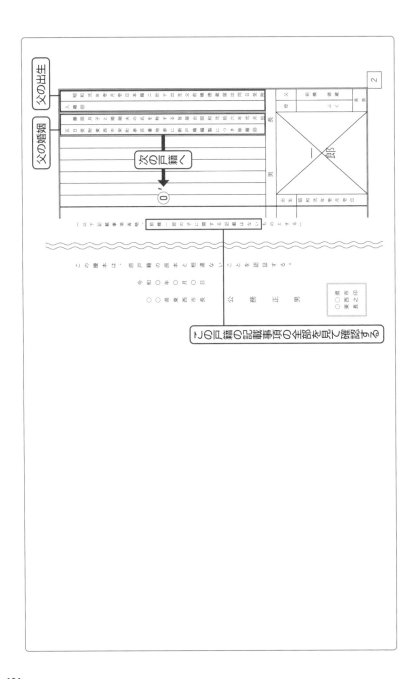

父の出生

父の婚姻

次の戸籍へ

この戸籍の記載事項の全部を見て確認する

この謄本は、原戸籍の原本と相違ないことを認証する。

令和○年○月○日

○○県東西市長　公　務　正　男

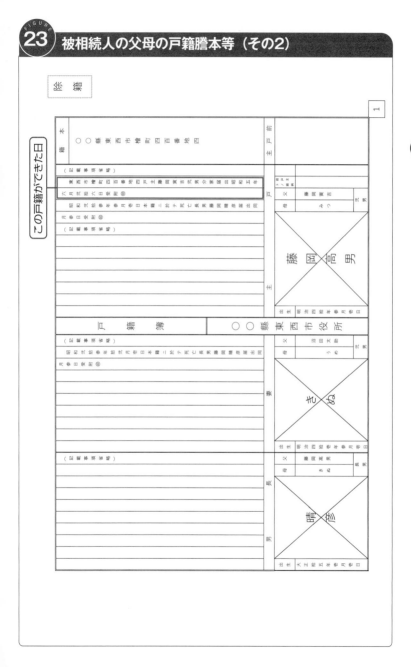

FIGURE
23 被相続人の父母の戸籍謄本等（その2）

CHAPTER

3 ケース別・相続登記の手続き

除　籍

この戸籍ができた日

1

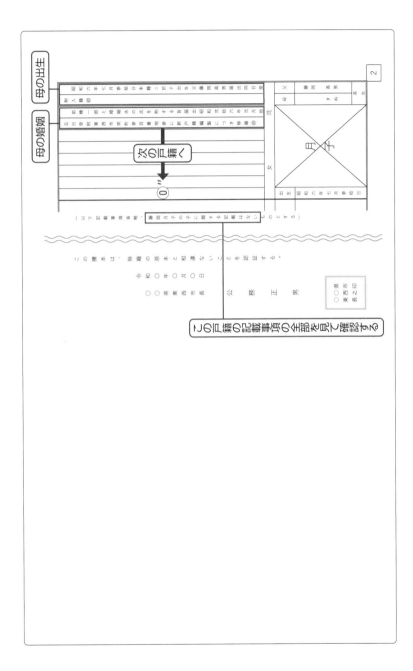

母の出生

母の婚姻

次の戸籍へ

2

この謄本は、除籍の原本と相違ないことを認証する。

令和○年○月○日

○○県東西市長　公務　正男

○○県
東西市
長之印

この戸籍の記載事項の全部を見て確認する

（3）法定相続人全員の現在の戸籍謄本（抄本）

　法定相続人については、その全員の戸籍謄本（または抄本）が必要です。この戸籍謄本（または抄本）は現在のものだけで足ります。

　被相続人の戸籍謄本等（その3）は、同時に法定相続人である妻・前橋竹子の現在の戸籍謄本ですので、同人については別途取得する必要はありません（同じ書類を2通提供する必要はありません）。

　法定相続人である姉・伊勢崎花子、および弟・前橋満男の現在の戸籍謄本（または抄本）は、別途必要となります。

次のページには
戸籍抄本の例を掲げます
もちろん、戸籍謄本でも
よいところです

FIGURE
24 法定相続人の戸籍抄本

| | (1の1) | 個 人 事 項 証 明 |

本　　籍	○○県東西市宮本町７００番地７
氏　　名	伊勢崎　秀司
戸籍事項 　戸籍改製	【改製日】平成１７年１１月１２日 【改製事由】平成６年法務省令５１号附則第２条第１項による改製
戸籍に記載されている者	【名】花子　法定相続人 【生年月日】昭和２７年５月９日　　　　【配偶者区分】妻 【父】前橋一郎 【母】前橋月子 【続柄】長女
身分事項 　出　　生	【出生日】昭和２７年５月９日 【出生地】○○県東西市 【届出日】昭和２７年５月１１日 【届出人】父
婚　　姻	【婚姻日】平成５２年３月３日 【配偶者氏名】伊勢崎秀司 【従前戸籍】○○県東西市栄町３００番地３　前橋一郎
	以下余白

発行番号０００００６

　これは，戸籍中の一部の者について記録されている事項の全部を証明した書面である。

　　　　令和○年○月○日

　　　　　　　　　　東西市長　　公 務 正 男

○○県
東西市
長之印

FIGURE
25　法定相続人の戸籍抄本

		（1の1）	個 人 事 項 証 明
本　　籍	○○県東西市連雀町６００番地６		
氏　　名	前橋　満男		

戸籍事項 　戸籍改製	【改製日】平成１７年１１月１２日 【改製事由】平成６年法務省令第５１号附則第２条第１項による改製
戸籍に記載されている者	【名】満男　　法定相続人 【生年月日】昭和３２年５月１日　　　　　【配偶者区分】夫 【父】前橋一郎 【母】前橋月子 【続柄】二男
身分事項 　出　　生	【出生日】昭和３２年５月１日 【出生地】○○県東西市 【届出日】昭和３２年５月１０日 【届出人】父
婚　　姻	【婚姻日】昭和６３年４月１日 【配偶者氏名】吾妻美智子 【従前戸籍】○○県東西市栄町３００番地３　前橋一郎
	以下余白

発行番号０００００５

　これは，戸籍中の一部の者について記録されている事項の全部を証明した書面である。

令和○年○月○日

東西市長　　公　務　正　男

○○県
東西市
長之印

（4）被相続人の住民票除票または戸籍附票

　解説は、ケース1に関する「(3) 被相続人の住民票または戸籍附票」
（100ページ）を参照してください。

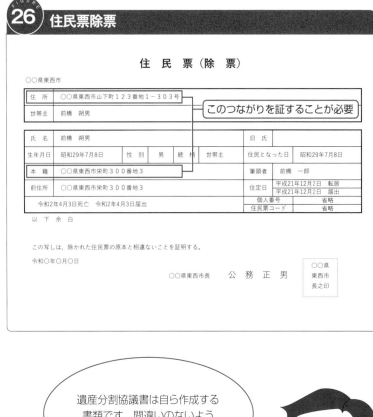

FIGURE
26　住民票除票

住 民 票（除 票）

○○県東西市

住　所	○○県東西市山下町123番地1－303号
世帯主	前橋　朔男

このつながりを証することが必要

氏　名	前橋　朔男						旧　氏	
生年月日	昭和29年7月8日	性　別	男	続　柄	世帯主	住民となった日	昭和29年7月8日	
本　籍	○○県東西市栄町300番地3				筆頭者	前橋　一郎		
前住所	○○県東西市栄町300番地3				住定日	平成21年12月2日　転居 平成21年12月2日　届出		
令和2年4月3日死亡　令和2年4月3日届出					個人番号	省略		
					住民票コード	省略		

以　下　余　白

この写しは、除かれた住民票の原本と相違ないことを証明する。

令和○年○月○日

　　　　　　　　　　　　　　○○県東西市長　　公　務　正　男

○○県
東西市
長之印

遺産分割協議書は自ら作成する
書類です。間違いのないよう
慎重に作成しましょう

（5）遺産分割協議書

解説は、ケース1に関する「（4）遺産分割協議書」（102ページ）を参照してください。なお、（普通）建物の場合の不動産の記載は119ページを参照してください。

27 遺産分割協議書

遺産分割協議書

最後の住所　　〇〇県東西市山下町１２３番地１－３０３号
被 相 続 人　　前橋　朔男

上記被相続人は令和２年４月３日死亡し、相続が開始したところ、共同相続人全員による遺産分割協議の結果、次のとおり合意した。

1　被相続人の遺産に属する下記不動産は、相続人　伊勢崎　花子（被相続人の姉）がこれを取得する。

記

不動産の表示
（一棟の建物の表示）
　所　　在　　　　〇〇県東西市山下町　１２３番地１
　建物の名称　　　スターマンション駅前
（専有部分の建物の表示）
　家 屋 番 号　　山下町　１２３番１の３０３
　建物の名称　　　３０３
　種　　類　　　　居宅
　構　　造　　　　鉄筋コンクリート造１階建
　床 面 積　　　３階部分　７１・４０平方メートル
（敷地権の表示）
　土地の符号　　　１
　所在及び地番　　〇〇県東西市山下町１２３番１
　地　　目　　　　宅地
　地　　積　　　　４１０・３３平方メートル
　敷地権の種類　　所有権
　敷地権の割合　　９１４１４分の７１４０

以上

上記遺産分割協議の成立を証するため、本協議書を作成し、共同相続人の全員が次に署名捺印する。

令和〇年〇月〇日

　　　住所　〇〇県東西市本丸町５番地
　　　　（続柄：被相続人の妻）
　　　　　　　　　　　　　　　前橋　竹子　　（実印）

　　　住所　〇〇県東西市宮本町７００番地７
　　　　（続柄：被相続人の姉）
　　　　　　　　　　　　　　　伊勢崎　花子　（実印）

　　　住所　〇〇県東西市寺通町４番地２
　　　　（続柄：被相続人の弟）　前橋　満男　　（実印）

※用紙が２枚以上にわたるときは契印（割印）する。

---

(6) 遺産分割協議書に捺印した全員の印鑑証明書

解説は、ケース1に関する「(5) 遺産分割協議書に捺印した全員の印鑑証明書」(105ページ) を参照してください。書式は省略します。

(7) 相続関係説明図

直系尊属をどこまで遡って記載するのかについては諸説ありますが、相続登記における相続関係説明図としては、父母が死亡していることを記載することで一般的には十分かと思います。その他注意事項は、ケース1に関する「(6) 相続関係説明図」の解説 (106ページ) を参照してください。

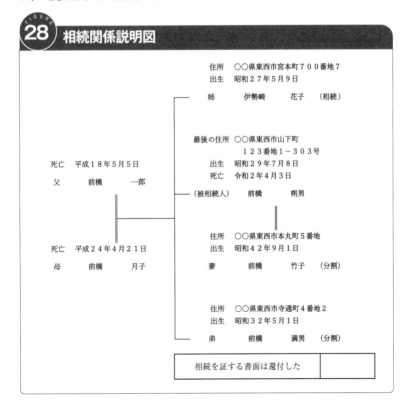

FIGURE 28 相続関係説明図

住所　〇〇県東西市宮本町700番地7
出生　昭和27年5月9日

姉　　伊勢崎　　花子　　(相続)

最後の住所　〇〇県東西市山下町
　　　　　　123番地1-303号
出生　昭和29年7月8日
死亡　令和2年4月3日

(被相続人)　前橋　　朔男

死亡　平成18年5月5日
父　　前橋　　一郎

住所　〇〇県東西市本丸町5番地
出生　昭和42年9月1日

妻　　前橋　　竹子　　(分割)

死亡　平成24年4月21日
母　　前橋　　月子

住所　〇〇県東西市寺通町4番地2
出生　昭和32年5月1日

弟　　前橋　　満男　　(分割)

相続を証する書面は還付した	

142

3 ケース3の相続証明書：まとめ

　以上の各書類の全部をまとめたものが、ケース3の被相続人・前橋朔男の相続証明書です。その他の注意事項は、ケース1に関する「❸ケース1の相続証明書：まとめ」の解説（107ページ）を参照してください。

戸籍謄本等だけでかなりの
厚さの書類になるかもしれません。
これらの書類のつづり方については
ステップⅢで解説します

直系尊属の死亡を証する戸籍謄本等

　ケース3は第3順位の兄弟姉妹が法定相続人となる設例ですが、このとき、第2順位の法定相続人として、父方および母方の祖父・祖母のうち1名でも存命しているときには、その者が法定相続人（第2順位）となり、第3順位である兄弟姉妹は法定相続人となりません。

　被相続人の父母の戸籍謄本等（その1）（その2）を見ると、前橋一郎の父・前橋徳蔵と母・前橋ふく、前橋月子の父・藤岡高男と母・藤岡きぬは、いずれも死亡したことが記載されているので、被相続人・前橋朔男の相続が開始したとき（令和2年）には祖父・祖母の全員が死亡していたことがわかります。ケース3ではそれで解決していますが、戸籍の編製時期と祖父・祖母の死亡の前後によってはそれがわからない場合もありますので、その際には祖父・祖母の死亡を証する戸籍謄本等が別途必要になることがあります。

　直系尊属について、どの程度の範囲まで死亡を証する戸籍謄本等が必要なのかについては明確な規定はありませんが、一説には、被相続人の死亡時に存命であれば115歳以下の祖父・祖母（さらに曽祖父・曾祖母）が存在すると見込まれるときには、その死亡を証する戸籍謄本等が必要だといわれています。ちなみに、ケース3では、前橋朔男の死亡時に祖母・前橋ふく、藤岡きぬが存命ならば、いずれも112歳です。とはいえ、戸籍の記載上、祖父・祖母等の生年月日が常に明らかなわけではなく、その判断には難しいものがあります。

注意すべきケース
（代襲相続人がいる場合など）

本節では注意すべきケースとして、子または兄弟姉妹が法定相続人となる場合で、被相続人よりも先に死亡した子または兄弟姉妹がいるときの注意事項について解説します。

1 代襲相続人がいる場合

先に見たケース1の場合に、長男・太田昴が被相続人・太田広夫より先に死亡していたとします。この場合、長男・太田昴に太田玲子、太田健太郎の二人の子（被相続人から見たら孫）がいると、この二人が代襲相続人となります。

代襲相続人がいる場合、相続証明書として必要な戸籍謄本等がさらに加わります。

2 必要書類

（1）被代襲者の出生から死亡までの記載のある戸籍謄本等

代襲相続人がいる場合、被代襲者についても出生から死亡までの記載がある戸籍謄本等が必要となります。この被代襲者に関する戸籍謄本等は、必ず謄本でなければならず、抄本では不可です。

被代襲者についても被相続人と同等の戸籍謄本等を必要とするのは、代襲相続人の全員を確定する必要があるためです。ただし、被代襲者の出生時（から婚姻まで）の戸籍謄本等は、被相続人の戸籍謄本等が兼用できる場合が多いでしょう（同じ書類を2通提供する必要はありません）。

注意すべきケース（代襲相続など）

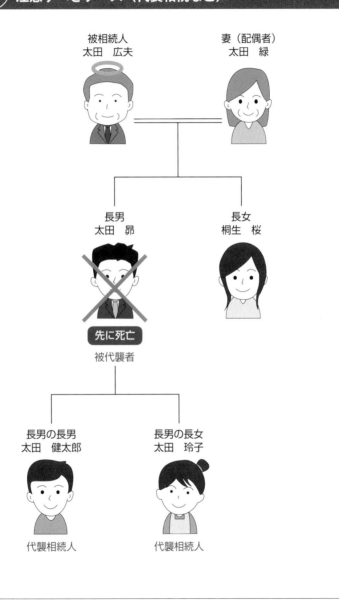

被相続人
太田　広夫

妻（配偶者）
太田　緑

長男
太田　昴

先に死亡

被代襲者

長女
桐生　桜

長男の長男
太田　健太郎

代襲相続人

長男の長女
太田　玲子

代襲相続人

この「注意すべきケース（代襲相続など）」に即していえば、被代襲者・太田昴について、出生から死亡までの記載がある戸籍謄本等も必要ということです。なお、戸籍謄本等の例は省略します。

（2）代襲相続人なく死亡している場合

同じケースについて、さらに仮定を加えて、被相続人の長男・太田昴に子がなく、被相続人よりも先に死亡したとします。この場合、代襲相続人はいないのですが、それでもやはり太田昴の出生から死亡までの記載がある戸籍謄本等が必要となります。

この場合には、上記（1）とは逆に、「太田昴に代襲相続人がいないこと」を証する必要があるからです。

つまり、被相続人よりも先に（または被相続人と同時に）死亡した子については、代襲相続人がいようがいまいが、出生から死亡までの記載がある戸籍謄本等が必要ということです。

（3）その他の必要書類はケース1と同じ

この「注意すべきケース（代襲相続など）」において、上記（1）または（2）はケース1の場合に「加えて」必要となる書類であり、それ以外の必要書類はケース1と同じであり、注意事項もケース1の解説を参照してください。

ただし、法定相続人の戸籍謄本（抄本）は、代襲相続人・太田玲子、太田健太郎についても必要となります。

また、遺産分割協議書および相続関係説明図については、多少書き方が違いますので、参考例を掲げます。

遺産分割協議書

最後の住所　○○県東西市川坂町４２３番地２
被 相 続 人　　太田　広夫

　上記被相続人は令和２年４月１日死亡し、相続が開始したところ、共同相続人全員による遺産分割協議の結果、次のとおり合意した。

１　被相続人の遺産に属する下記不動産は、相続人　太田　健太郎（被相続人の長男の長男）がこれを取得する。

記
不動産の表示
　　所　　在　　○○県東西市川坂町字諏訪前
　　地　　番　　４２３番２
　　地　　目　　宅地
　　地　　積　　２７２・５０平方メートル
　　　　　　　　　　　　　　　　　　　　　　　　　　以上
　上記遺産分割協議の成立を証するため、本協議書を作成し、共同相続人の全員が次に署名捺印する。

　令和○年○月○日

　　　住所　○○県東西市川坂町４２３番地２
　　　（続柄：被相続人の妻）　　　　　太田　緑　（実印）

　　　住所　○○県東西市楠木町５００番地５
　　　（続柄：被相続人の長女）　　　　桐生　桜　（実印）

　　　住所　○○県東西市中町１番地９
　　　（続柄：被相続人の長男の長女）　太田　玲子　（実印）

　　　住所　○○県東西市中町１番地９
　　　（続柄：被相続人の長男の長男）　太田　健太郎（実印）

　※用紙が２枚以上にわたるときは契印（割印）する。

※ケース1に掲げた戸籍の例からすると、被相続人の相続開始のときに、太田昴の子・太田玲子、太田健太郎は未成年者である可能性が高いですが、成年者であるものとして遺産分割協議書の例を作成しています。

FIGURE 31 相続関係説明図

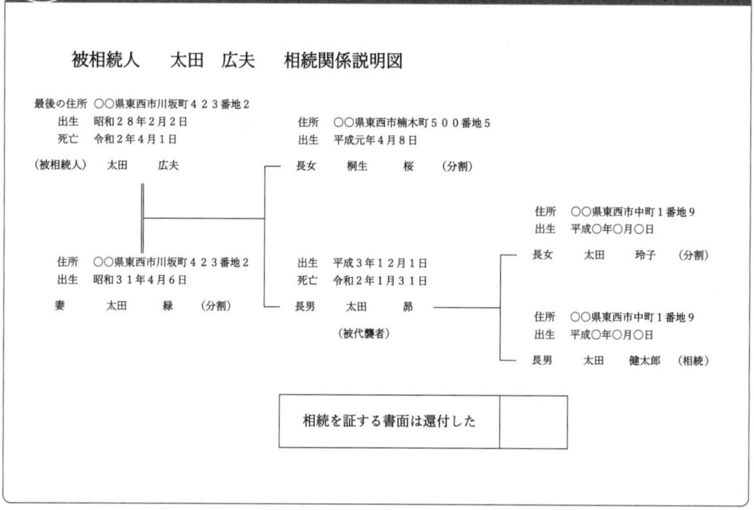

被相続人　太田　広夫　相続関係説明図

最後の住所 ○○県東市川坂町４２３番地２
出生　昭和２８年２月２日
死亡　令和２年４月１日

（被相続人）　太田　広夫

住所　○○県東市川坂町４２３番地２
出生　昭和３１年４月６日

妻　太田　緑　（分割）

住所　○○県東西市楠木町５００番地５
出生　平成元年４月８日

長女　桐生　桜　（分割）

出生　平成３年１２月１日
死亡　令和２年１月３１日

長男　太田　昴

（被代襲者）

住所　○○県東西市中町１番地９
出生　平成○年○月○日

長女　太田　玲子　（分割）

住所　○○県東西市中町１番地９
出生　平成○年○月○日

長男　太田　健太郎　（相続）

相続を証する書面は還付した

3　兄弟姉妹が法定相続人となるべき場合でも同じ

　以上のことは、兄弟姉妹が法定相続人となるべき場合でも同様です。

　つまり、兄弟姉妹が法定相続人となるべき場合に、被相続人よりも先に（または被相続人と同時に）死亡した兄弟姉妹がいるときは、その者について出生から死亡までの記載がある戸籍謄本等が必要となります。

　兄弟姉妹の代襲相続人の全員または「代襲相続人がいないこと」を証する必要があるからです。

法定相続人である妻が被相続人（夫）の「相続させる」旨の遺言に基づき不動産を取得する場合（ケース4）

法定相続人である妻が被相続人（夫）の遺言に基づいて不動産を取得するケースについて解説します。

1 必要書類

ケース4は遺言書がある場合です*。遺言書がある場合の相続証明書は、それがない場合（遺産分割協議を行う場合など）と大きく異なり、以下のとおりです。

（1）被相続人の死亡の記載がある戸籍謄本等

（2）遺言によって不動産を取得する法定相続人の現在の戸籍謄本（抄本）

（3）被相続人の住民票除票または戸籍附票

（4）遺言書

（5）相続関係説明図

ここからは、各書類について具体的に見ていきます。

---

*…**遺言書がある場合です**　ここでの遺言書とは、法定相続人に対し、特定の不動産を「相続させる」旨の遺言として解説します。法定相続人ではない者に対し、不動産を「遺贈する」旨の遺言に基づく所有権移転登記は、相続登記とは申請構造等が大きく異なるため、本書では取り上げません。

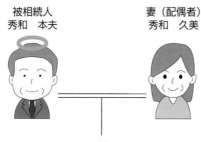

○○県東西市白鳥町５２３－２　　　　　　　　　　全部事項証明書　　　（土地）

表 題 部 （土地の表示）		調製	余 白		不動産番号	0000000000004

地図番号	余 白		筆界特定	余 白		

所　在	東西市白鳥町字湖畔					

① 地　番	② 地　目	③ 地　積　㎡		原因及びその日付（登記の日付）
５２３番２	宅地	330	50	５２３番１から分筆
				〔平成２２年２月１日〕

権 利 部 （甲区）	（所 有 権 に 関 す る 事 項）		
順位番号	登 記 の 目 的	受付年月日・受付番号	権 利 者 そ の 他 の 事 項
1	所有権移転	平成１１年３月２６日 第３６７８号	原因 平成１０年１２月８日相続 所有者 ○○県東西市南北町二丁目３番地４ 　　　平 和 譲 治 順位番号３番の登記を転写 平成２２年２月１日受付 第１２３４号
2	所有権移転	平成２２年２月２５日 第１００２号	原因 平成２２年２月２５日売買 所有者 ○○県東西市白鳥町５２３番地２ 　　　秀 和 本 夫

「相続させる」旨の遺言に基づき妻・秀和久美が取得する

（1）被相続人の死亡の記載がある戸籍謄本等

　ケース1～3では、被相続人について出生から死亡までの記載のある戸籍謄本等が必要でした。しかし、遺言書がある場合には、被相続人が死亡した旨の記載のある戸籍謄本等1通で足ります。

　被相続人の死亡の記載がある戸籍謄本等の例を次に掲げます。なお、この戸籍謄本等は被相続人が「死亡したこと」がわかればよいので、相続登記を申請するためだけなら謄本ではなく抄本でもよい理屈となります。しかし、相続登記以外の他の手続きに使用する可能性や、次の（2）で兼用できることなどを考えると、やはり抄本ではなく謄本を取得しておく方がよいでしょう。

（2）遺言によって不動産を取得する法定相続人の現在の戸籍謄本（抄本）

　遺言によって不動産を取得する法定相続人については、戸籍謄本（または抄本）が必要です。この戸籍謄本（または抄本）は現在のものだけで足ります。

　このケースで、被相続人の死亡の記載のある戸籍謄本等は、同時に、遺言によって不動産を取得する妻・秀和久美の現在の戸籍謄本（または抄本）ですので、別途取得する必要はありません（同じ書類を2通提供する必要はありません）。

FIGURE 33　被相続人の戸籍謄本等

　全部事項証明

本　　籍	○○県東西市南陽二丁目４番地２
氏　　名	秀和　本夫

戸籍事項 　戸籍改製	【改製日】平成１７年１１月１２日 【改製事由】平成６年法務省令第５１号附則第２条第１項による改製

戸籍に記載されている者 除　籍	【名】本夫　　被相続人 【生年月日】昭和２８年２月２日 【父】秀和資助 【母】秀和さと江 【続柄】長男

身分事項 　出　　生	【出生日】昭和２８年２月２日 【出生地】○○県東西市 【届出日】昭和２８年２月８日 【届出人】父
婚　　姻	【婚姻日】昭和５８年３月３１日 【配偶者氏名】江東久美 【従前戸籍】○○県東西市南陽二丁目４番地２　秀和資助
死　　亡	【死亡日】令和２年４月４日 【死亡時分】午後３時３０分　　　　死亡 【死亡地】○○県東西市 【届出日】令和２年４月４日 【届出人】親族　秀和久美

戸籍に記載されている者	【名】久美　　遺言によって不動産を取得する法定相続人 【生年月日】昭和３１年４月６日 【父】江東久生 【母】江東美子 【続柄】二女

身分事項 　出　　生	【出生日】昭和３１年４月６日 【出生地】○○県南北市 【届出日】昭和３１年４月６日 【届出人】父
婚　　姻	【婚姻日】昭和５８年３月３１日 【配偶者氏名】秀和本夫 【従前戸籍】○○県南北市錦町８番地１　江東久生
配偶者の死亡	【配偶者の死亡】令和２年４月４日

発行番号０００００１０　　　　　　　　　　　　　　　　　　　　　　　　　　　　　以下次頁

全部事項証明

戸籍に記載されている者 除　籍	【名】加奈子 【生年月日】平成元年4月8日 【父】秀和本夫 【母】秀和久美 【続柄】長女
身分事項 　出　　生	【出生日】平成元年4月8日 【出生地】○○県東西市 【届出日】平成元年4月8日 【届出人】父
婚　　姻	【婚姻日】平成29年11月22日 【配偶者氏名】高山吾郎 【新本籍】○○県東西市高山町1番地1 【称する氏】夫の氏
	以下余白

発行番号000010

　これは，戸籍に記録されている事項の全部を証明した書面である。

　　　令和○年○月○日

　　　　　　○○県東西市長　　公　務　正　男　　　　○○県
東西市
長之印

（3）被相続人の住民票除票または戸籍附票

　解説は、ケース1に関する「（3）被相続人の住民票または戸籍附票」
（106ページ）を参照してください。

FIGURE
34 　住民票除票

住　民　票（除　票）

○○県東西市

住　所	○○県東西市白鳥町５２３番地２
世帯主	秀和　本夫

このつながりを証することが必要

氏　名	秀和　本夫						旧　氏	
生年月日	昭和28年2月2日	性　別	男	続　柄	世帯主	住民となった日	昭和28年2月2日	
本　籍	○○県東西市南陽二丁目４番地２					筆頭者	秀和　本夫	
前住所	○○県東西市南陽二丁目４番地２					住定日	平成22年2月25日　転居 / 平成22年2月25日　届出	
令和2年4月4日死亡　令和2年4月4日届出						個人番号	省略	
						住民票コード	省略	

以　下　余　白

この写しは、除かれた住民票の原本と相違ないことを証明する。

令和○年○月○日

　　　　　　　　　　　　　　　　○○県東西市長　　公　務　正　男

○○県
東西市
長之印

155

(4) 遺言書

遺言公正証書の例を書式として掲げます。当然のことながら、この遺言書は被相続人の生前に作成されたものです。

遺言書の「遺言の趣旨」第1条に「遺言者の不動産の全部を、遺言者の妻・秀和秀美に相続させる」とあり、この遺言書の効力に基づき、秀和久美は被相続人の遺産である土地を取得します。

書式は遺言公正証書「正本」の例ですが、「謄本」でも相続証明書として使用することができます。遺言公正証書の正本は作成時に公証人から交付を受けて、遺言者（被相続人）が保有しているのが通常です。「被相続人は遺言公正証書を作ったはずだが、正本が見当たらない」という場合には、遺言公正証書を作成した公証役場で謄本の交付を求めることができます（ただし、法定相続人は遺言者の死後でなければ謄本の交付は受けられません）。

遺言公正証書ではなく自筆証書遺言書の場合、家庭裁判所による**検認済証明書**の付されたものでなければ相続証明書として使用することはできません（法務局による遺言書情報証明書を除く）。

FIGURE
35 遺言公正証書

CHAPTER
3 ケース別・相続登記の手続き

平成２７年第○○号
遺言公正証書
　本公証人は、遺言者秀和本夫の嘱託により、後記証人２名の立
会のもとに、遺言者の口述を筆記してこの証書を作成する。
遺言の趣旨
第１条　遺言者は、遺言者の有する不動産の全部を、遺言者の
　妻・秀和久美（昭和３１年４月６日生）に相続させる。
第２条　遺言者は、前条記載の不動産を除く遺言者の有する財産
　の全部を、遺言者の長女・秀和加奈子（平成元年４月８日生）
　に相続させる。
第３条　遺言者は、この遺言の執行者として、前記妻・秀和久美
　を指定する。
本旨外要件
○○県東西市白鳥町５２３番地２
　　会社役員
　　遺言者　　秀　和　　本　夫
　　　　　　　昭和２８年２月２日生

（証人の表示省略）

　以上を遺言者及び証人に読み聞かせ、かつ閲覧させたところ、
各自その筆記の正確なことを承認し、次に署名押印する。
　　遺言者　　秀　和　　本　夫　㊞
　　証　人　　○　○　　○　○　㊞
　　証　人　　○　○　　○　○　㊞
　この証書は、平成２７年○月○日、本公証人役場において、民
法第９６９条第１号から第４号までの方式に従って作成し、同条
第５号に基づき、本公証人次に署名押印する。
　○○県東西市○○町一丁目１番１号
　　○○地方法務局所属
　　公証人　　東　西　　知　己　㊞

　平成２７年○月○日、遺言者の請求により、本公証役場において
この証書の正本を交付した。
　○○県東西市○○町一丁目１番１号
　　○○地方法務局所属
　　公証人　　東　西　　知　己　（職印）

(5) 相続関係説明図

　ケース4の相続関係説明図の例を書式として掲げます。遺言書がある場合、一般的には被相続人と遺言によって不動産を取得する法定相続人以外は記載する必要がありません。その他の注意事項は、ケース1に関する「(6) 相続関係説明図」の解説（106ページ）を参照してください。

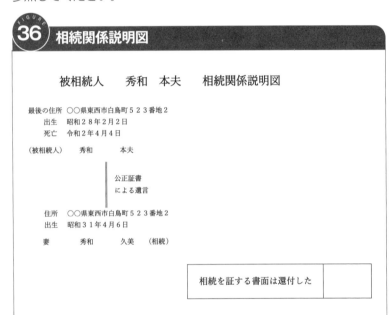

FIGURE 36　相続関係説明図

被相続人　　秀和　本夫　　相続関係説明図

最後の住所　○○県東西市白鳥町５２３番地２
　　出生　　昭和２８年２月２日
　　死亡　　令和２年４月４日

（被相続人）　秀和　　　本夫

公正証書
による遺言

　　住所　　○○県東西市白鳥町５２３番地２
　　出生　　昭和３１年４月６日

　妻　　　秀和　　　久美　　（相続）

相続を証する書面は還付した	

3　ケース4の相続証明書：まとめ

　以上の各書類の全部をまとめたものが、ケース4の被相続人・秀和本夫の相続証明書です。その他の注意事項は、ケース1に関する「❸ ケース1の相続証明書：まとめ」の解説（107ページ）を参照してください。

自筆証書遺言書の検認手続き

　ケース4の解説では簡単にしか触れませんでしたが、自筆証書遺言書の検認は家庭裁判所に申立てして行います。家庭裁判所の管轄は、一般的には遺言者（被相続人）の最後の住所地を管轄する家庭裁判所となります。

　ケース4の解説を見ていただくとわかるとおり、一般的には遺言書があると相続登記に必要な戸籍謄本等は少なくて済みます。しかし、自筆証書遺言書の検認申立の際には、被相続人の出生から死亡までの記載のある戸籍謄本等、法定相続人全員の現在の戸籍謄本（抄本）、被相続人の住民票除票または戸籍附票など、遺言書がない場合（ケース1〜3）の相続登記と同等の書類を添付しなければならず、結局、あまり簡単にはいきません。

　このように苦労して検認申立にこぎ着けた自筆証書遺言書を家庭裁判所で開封してみたら、遺言の内容が不明確だったり不動産の記載が間違っていたりで、結局「相続登記に使えない」という事例も数多くあります。

　そのようなことにならないよう、やはり遺言書の作成は遺言公正証書によることを強くお勧めいたします。

　なお、法務局による「自筆証書遺言書保管制度」があり、生前に遺言者が法務局に保管を申請していた自筆証書遺言書については、遺言者の死後「遺言書情報証明書」の交付を請求できます。そして、遺言情報証明書は家庭裁判所による検認の手続きを経ることなく、相続登記等の手続きに使用できます。ただし、ここでも落とし穴（？）があり、遺言書情報証明書の交付請求書には、結局、相続登記と同等の戸籍謄本等の添付が必要となります。

配偶者と子が法定相続人、遺産分割協議をせずに法定相続分にしたがって不動産を共有する場合（ケース5）

配偶者と子が法定相続人であり、遺産分割協議をせずに法定相続分にしたがって不動産を共有するケースについて解説します。

1 必要書類

不動産は複数人で共有することができます。遺言書がない場合に、被相続人が所有していた不動産について、あえて遺産分割協議をせずに法定相続分の割合にしたがって共有することも可能です。

法定相続人が遺産分割協議をせず、法定相続分にしたがって共有する場合の相続証明書は、以下のとおりです。

（1）被相続人の出生から死亡までの記載がある戸籍謄本等

（2）法定相続人全員の現在の戸籍謄本（抄本）

（3）被相続人の住民票除票または戸籍附票

（4）相続関係説明図

ケース1と同じ設例で考えると、法定相続人が遺産分割協議をせず、法定相続分にしたがって共有する場合、必要な相続証明書はケース1の相続証明書から「遺産分割協議書」と「遺産分割協議書に捺印した全員の印鑑証明書」を除いたものとなります。それぞれの書類の注意事項については、ケース1の解説を参照してください。

相続関係説明図の例については次に掲げます。ケース1との違いは、各相続人について法定相続分にしたがった不動産の持分を記載すること、「分割」という記載のある法定相続人はいないことです。

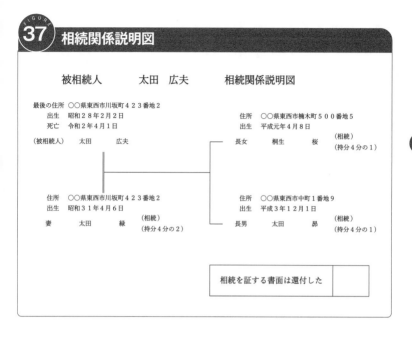

37 相続関係説明図

被相続人　　　太田　広夫　　相続関係説明図

最後の住所　〇〇県東西市川坂町４２３番地２
　　出生　　昭和２８年２月２日
　　死亡　　令和２年４月１日

　　　　　　　　　　　　　　　　　住所　〇〇県東西市楠木町５００番地５
　　　　　　　　　　　　　　　　　出生　平成元年４月８日
（被相続人）　太田　　　広夫　　　　　長女　　桐生　　桜　（相続）
　　　　　　　　　　　　　　　　　　　　　　　　　　　　　（持分４分の１）

住所　〇〇県東西市川坂町４２３番地２　　住所　〇〇県東西市中町１番地９
　　出生　　昭和３１年４月６日　　　　　出生　平成３年１２月１日
　妻　　太田　　緑　（相続）　　　　　長男　　太田　　昂　（相続）
　　　　　　　　　　（持分４分の２）　　　　　　　　　　　（持分４分の１）

┌─────────────────────┬──────┐
│相続を証する書面は還付した│　　　│
└─────────────────────┴──────┘

　法定相続人が遺産分割協議をせず法定相続分にしたがって共有する方法は、ケース2およびケース3（代襲相続人がいる場合を含む）と同じ設例でも同様に可能です。そのときの相続証明書は、各ケースの必要書類から「遺産分割協議書」と「遺産分割協議書に捺印した全員の印鑑証明書」を除いたものとなります。

ステップⅡ：登記申請書を作成する

本節からはステップⅡとして、登記申請書の作成方法について解説します。

1　書面申請とオンライン申請

相続証明書が完成したら登記申請書を作成し、その他必要な添付情報を揃えます。

なお、相続登記の申請（不動産の登記申請）は、書面で行う方法のほかオンライン申請による方法もあります。しかしオンライン申請では、法務省が指定する方法での電子署名が必要であるなど一般の方にはややハードルが高いので、本書では書面で行う方法だけを解説します。書面でもオンラインでも、相続登記の効果には変わりはなく、登録免許税その他の費用にも違いはありません。

「ステップⅠ：相続証明書を作成する」では、5つのケースに分けて必要書類等を解説しました。しかし、「ステップⅡ：登記申請書を作成する」では、実はケースごとの違いがあまり大きくありません。ですので、まずはステップⅠのケース1を題材に登記申請書および添付情報の作成方法を詳しく説明し、ケース2〜5については補足的に説明することとします。

2 ケース1：登記申請書と添付情報

> ケース1：配偶者と子が法定相続人
> 　　　　　遺産分割協議で子が不動産を取得する場合

　ステップⅠのケース1の事例に即して登記申請書と添付情報を解説します。相続証明書はすでに完備しているものとします。各書式に付した丸数字（①②③…）と解説の丸数字は対応していますので、書式と解説を参照しながらお読みください。

●登記申請書

　登記申請書はA4版の用紙で作成します。パソコンで作成しプリンタ印刷するのも、手書きで作成するのも自由です。ただし、印刷・記載は片面を使用し、両面印刷は不可です。法務局のホームページではWordとPDFの両方の形式で、登記申請書のひな形をダウンロードして使用できるようになっています。

①登記申請書の上部に6cm程度の余白を設けます。この余白は法務局が使用します。
②登記原因は、被相続人・太田広夫の死亡の日である「令和2年4月1日」の「相続」となります。遺産分割協議書の日付（遺産分割協議の成立の日）ではありません。
③被相続人の氏名をかっこ書きで記載し、さらに相続人・太田昴の住所・氏名を記載して、押印します。

▼ケース1 登記申請書

```
┌ ─ ─ ─ ─ ─ ─ ─ ─ ─ ─ ─ ─ ─ ─ ─ ─ ─ ─ ─ ─ ─ ─ ─ ┐
                    ↑
│      余白6cm程度 ①                              │
                    ↓
└ ─ ─ ─ ─ ─ ─ ─ ─ ─ ─ ─ ─ ─ ─ ─ ─ ─ ─ ─ ─ ─ ─ ─ ┘
```

　　　　　　　　　　　　　登記申請書

登記の目的　　所有権移転

原　　　因　　令和2年4月1日相続 ②

相　続　人 ③ （被相続人　太田広夫）

　　　　　　　　　○○県東西市中町1番地9

　　　　　　　　　太　田　昴　　　　　㊞

　　　　　　　　連絡先の電話番号000－0000－0000

添付情報

　　　　　登記原因証明情報（原本還付）④

　　　　　住所証明情報（原本還付）⑤　評価証明書 ⑥

令和○年○月○日申請　○○地方法務局東西支局 ⑦

課税価格　　　金5，823，000円
　　　　　　　　　　　　　　　　　⑧
登録免許税　　金23，200円

不動産の表示 ⑨

　　所　　在　　○○県東西市川坂町字諏訪前

　　地　　番　　423番2

　　地　　目　　宅地

　　地　　積　　272・50平方メートル

⑩

> 紙面の都合上、収入印紙を横並びに表示していますが、実際には縦並びに添付してください

（収入印紙貼付用台紙）⑪

（割印）⑬

```
┌ ─ ─ ─ ┐  ┌ ─ ─ ─ ┐  ┌ ─ ─ ─ ┐
│収入印紙│  │収入印紙│  │収入印紙│ ⑫
│20,000円│  │3,000円│  │200円 │
└ ─ ─ ─ ┘  └ ─ ─ ─ ┘  └ ─ ─ ─ ┘
```

相続人の住所・氏名は、住所証明情報である住民票の記載と一致している必要があります。この押印はいわゆる認め印で足ります。連絡先の電話番号は必ず記載してください。携帯電話でも大丈夫です。

④登記原因証明情報は、ステップＩで解説した相続証明書です。

⑤住所証明情報として、不動産を取得する相続人・太田昴の住民票を添付します。

⑥登録免許税額の算出のため、評価証明書を添付します。

⑦申請年月日と管轄法務局を記載します。管轄法務局は間違いのないよう、よくご確認ください。

⑧相続を登記原因とする所有権移転登記では、課税価格は不動産の価格（固定資産税評価額）であり、登録免許税額は課税価格に1000分の4を乗じた金額です。このケースでは、課税価格は土地の価格（1000円未満は切り捨て）、登録免許税額は課税価格に1000分の4を乗じた金額（100円未満切り捨て）を記載します。

ただし、令和7年3月31日までの間は相続登記の登録免許税に関する特例措置があり、不動産の価格（固定資産税評価額）が100万円以下の土地については、登録免許税が免税となります（租税特別措置法第84条の2の3第2項）。この免税措置が受けられる場合の申請書の記載方法は、本項の「❹登録免許税につき土地の免税措置が受けられる場合の記載方法」にまとめて示します。

また、この免税措置は令和7年4月1日以降も延長となる可能性がありますので、法務局ホームページなどでご確認ください。

⑨不動産の表示は、全部事項証明書等に記載されているとおり正確に記載します。不動産番号を記載した場合には、土地の所在・地番・地積・地積、建物の所在・家屋番号・種類・構造・床面積の記載を省略できます。ただし、区分所有建物の敷地権の種類・敷地権の割合は省略できません。

建物の場合の記載方法はケース2の登記申請書（171ページ）を、区分建物の場合の記載方法はケース3の登記申請書（172ページ）を参照してください。

⑩登記識別情報および登記完了証について「送付の方法による交付を希望する」場合には、その旨を登記申請書の末尾等に記載します（189ページ参照）。

⑪登録免許税を納付するための収入印紙は、登記申請書本体に直接貼らず、別の用紙である「収入印紙貼付用台紙」（A4版の白紙で可）を付けて、そこに貼ります。

⑫収入印紙の組み合わせは書式のとおりではなくても、合計額で23,200円分貼ってあれば大丈夫です。また、収入印紙に割印をしてはいけません。

⑬登記申請書（収入印紙貼付用台紙を含む）が複数枚にわたるときは、各用紙のつづり目に契印（割印）をします。

●住所証明情報

住所証明情報として、不動産を取得する相続人（ケース1の太田昴）の住民票を添付します。この住民票には有効期限はありません。なお、遺産分割協議によって不動産を取得しない相続人（ケース1の太田緑、桐生桜）の住民票は必要ありません。

▼住所証明情報

住 民 票

○○県東西市

住　所	○○県東西市中町１番地９
世帯主	太田　昴

氏　名	太田　昴					旧　氏	
生年月日	平成3年12月1日	性　別	男	続　柄	世帯主	住民となった日	平成3年12月1日
本　籍	○○県東西市七里町１００番地１				筆頭者	太田　広夫	
前住所	○○県東西市川坂町４２３番地２				住定日	平成30年4月1日　転居／平成30年4月1日　届出	
					個人番号	省略	
					住民票コード	省略	

以　下　余　白

個人番号（マイナンバー）の記載のないものを提供

この写しは、住民票の原本と相違ないことを証明する。

令和○年○月○日

○○県東西市長　　公　務　正　男

○○県東西市長之印

●評価証明書

①登録免許税の課税価格（不動産の固定資産税評価額）を証するため評価証明書を添付します。

　ⓐ一般的には、不動産所在地の市区町村役所（固定資産税の係。東京23区の場合、都税事務所。以下同じ）で発行される「評価通知書」または「評価証明書（登記用）」という書類を取得して添付します。この書類は無料で発行されます。

　ⓑ市区町村役場によっては、上記ⓐの「評価通知書」または「評価証明書（登記用）」の発行がされないことがあります。この場合、同じく不動産所在地の市区町村役所で発行される有料の「評価証明書」という書類を取得して添付します。

ⓒ市区町村役所から毎年送付される固定資産税の納税通知書（課税通知書）を評価証明書として使用できる場合もあります。

法務局および市区町村役所における評価証明書等の取扱いについては、実際のところさらに異なる方法もあります。しかし、本書では上記ⓐないしⓒの方法の解説にとどめておきます。少なくとも上記ⓑの方法を選択すれば、全国どこの法務局および市区町村役所でも対応可能です。

②相続登記の申請の時点における最新年度の固定資産税評価額の記載があるものを使用します。

不動産の固定資産税評価額等は、毎年4月1日に改定されます。評価額等改定後の評価証明書は、相続登記の申請には使用できませんのでご注意ください。つまり、令和4年3月31日に取得した最新年度の評価証明書は、令和4年4月1日以降は使用することができません。一方、令和4年4月1日に取得した最新年度の評価証明書は、令和5年3月31日まで使用することができます。

なお第2章で、被相続人が所有する不動産の調査方法として「名寄帳の写し」を取得する方法を説明しましたが、名寄帳の写しでは評価証明書として使用できないことが多いので、ご注意ください。

▼評価証明書

固定資産評価額通知書（登記用）①

この証明書は登記申請のためのものです。
それ以外の目的には使用できません。

所有者	住　所	○○県東西市川坂町４２３番地２						
	氏　名	太田　広夫						

	所在地番	家屋番号	地目又は種類・構造	地積又は床面積（㎡）		評　価　額	建築年	備　考
土地	川坂町　諏訪前 423-2		宅地	登記面積 課税面積	272.50 272.50	¥5,823,325		
	以下余白							
			登記情報の記載と照合する					

② 令和○年度固定資産課税台帳の登録事項を地方税法第４２２条の３の規定により通知します。
○○地方法務局東西支局　御中
令和○年○月○日

最新年度のものを取得

○○県東西市長　　公務　正男

○○県
東西市
長之印

ワンポイント

不動産が複数ある場合

被相続人が複数の不動産を所有していて、不動産の管轄法務局が同じ場合に、それらの不動産を同じ法定相続人が取得するときには、1件の登記申請書で同時に相続登記をすることができます。

その場合、登記申請書の「不動産の表示」に不動産を連記して表示します。

課税価格は不動産の価格（固定資産税評価額）を合計した金額（1,000円未満は切り捨て）であり、登録免許税額は合計額に1,000分の4を乗じた金額（100円未満切り捨て）となります。

不動産の価格（固定資産税評価額）が100万円以下の土地につき登録免許税が免税となる特例（租税特別措置法第84条の2の3第2項）は、土地1筆ごとに対象となるかどうか（価格が100万円以下であるかどうか）を判断します。合計額で判断するのではありませんので、ご注意ください。

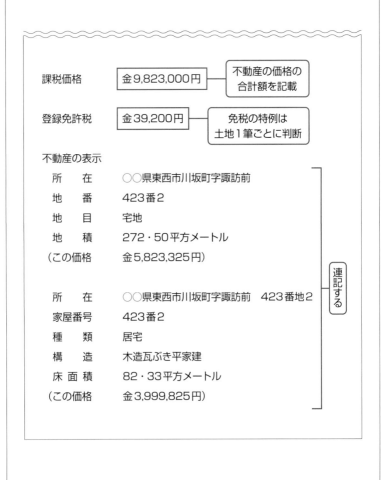

課税価格	金9,823,000円	→ 不動産の価格の合計額を記載
登録免許税	金39,200円	→ 免税の特例は土地1筆ごとに判断

不動産の表示

所　在	○○県東西市川坂町字諏訪前	
地　番	423番2	
地　目	宅地	
地　積	272・50平方メートル	
（この価格	金5,823,325円）	連記する
所　在	○○県東西市川坂町字諏訪前　423番地2	
家屋番号	423番2	
種　類	居宅	
構　造	木造瓦ぶき平家建	
床面積	82・33平方メートル	
（この価格	金3,999,825円）	

3 ケース2〜5の登記申請書と添付情報

　ステップⅠのケース2〜5については、登記申請書のみ全文を掲げ、解説は必要なものだけを注記するにとどめます。ケース1の解説を参照してください。

ケース2：配偶者と母が法定相続人
　　　　　遺産分割協議で配偶者が不動産を取得する場合

▼ケース2 登記申請書

登記の目的　　所有権移転
原　　因　　　令和2年4月2日相続
相　続　人　　（被相続人　高崎達彦）
　　　　　　　○○県東西市田園町523番地2
　　　　　　　　高　崎　さ　お　り　　　　　㊞

〔不動産を取得する高崎さおりの住民票〕

　　　　　　　連絡先の電話番号000−0000−0000
添付情報
　　　　登記原因証明情報（原本還付）
　　　　住所証明情報（原本還付）　　　　　　評価証明書
令和○年○月○日申請　○○地方法務局東西支局
課税価格　　　金2,924,000円
登録免許税　　金11,600円

〔建物には登録免許税の特別措置はない〕

不動産の表示
　　所　　在　　○○県東西市田園町字漆原　523番地2
　　家屋番号　　523番2
　　種　　類　　居宅
　　構　　造　　木造亜鉛メッキ鋼板葺平家建
　　床面積　　　92・34平方メートル

（収入印紙貼付用台紙）

（割印）

ケース3：配偶者と姉・弟が法定相続人
　　　　　遺産分割協議で姉が不動産を取得する場合

▼ケース3 登記申請書

登記の目的　　所有権移転
原　　　因　　令和2年4月3日相続
相　続　人　　（被相続人　前橋朔男）

　　　　　　　○○県東西市宮本町700番地7

　　　　　　　　伊　勢　崎　花　子　　　　　㊞

　　　　　　　連絡先の電話番号000-0000-0000
添付情報
　　　登記原因証明情報（原本還付）
　　　住所証明情報（原本還付）　　　　　評価証明書
令和○年○月○日申請　　○○地方法務局東西支局
課税価格　　　金13,023,000円
登録免許税　　金52,000円
不動産の表示
　（一棟の建物の表示）
　　所　　　在　　○○県東西市山下町　123番地1
　　建物の名称　　スターマンション駅前
　（専有部分の建物の表示）
　　家　屋　番　号　　山下町　123番1の303
　　建物の名称　　303
　　種　　　類　　居宅
　　構　　　造　　鉄筋コンクリート造1階建
　　床　面　積　　3階部分　71・40平方メートル
　（敷地権の表示）
　　土地の符号　　1
　　所在及び地番　　○○県東西市山下町123番1
　　地　　　目　　宅地
　　地　　　積　　410・33平方メートル
　　敷地権の種類　　所有権
　　敷地権の割合　　91414分の7140

不動産を取得する
伊勢崎花子の住民票

専有部分の建物の価格と
敷地権の価格の合計額

（収入印紙貼付用台紙）

（割印）

収入印紙
50,000円

収入印紙
2,000円

ケース4：法定相続人である妻が被相続人（夫）の「相続させる」旨の言に基づき不動産を取得する場合

▼ケース4 登記申請書

登記の目的　　所有権移転

原　　　因　　令和2年4月4日相続

相　続　人　　（被相続人　秀和本夫）

　　　　　　　○○県東西市白鳥町523番地2

　　　　　　　　　秀　和　久　美　　　　　㊞

　　　　　　　連絡先の電話番号000－0000－0000

添付情報

　　　　登記原因証明情報（原本還付）

　　　　住所証明情報（原本還付）　　　　　　　評価証明書

　　　　　　　　　　　　　　　　　　　　　不動産を取得する
　　　　　　　　　　　　　　　　　　　　　秀和久美の住民票

令和○年○月○日申請　○○地方法務局東西支局

課税価格　　　金4，262，000円

登録免許税　　金17，000円

不動産の表示

　所　　在　　○○県東西市白鳥町字湖畔

　地　　番　　523番2

　地　　目　　宅地

　地　　積　　330・50平方メートル

（収入印紙貼付用台紙）

　　　　　　　　　　　┌──────┐　┌──────┐　┌──────┐
　　　　　　　　　　　│収入印紙　│　│収入印紙　│　│収入印紙　│
（割印）　　　　　　　│10,000 円 │　│5,000 円　│　│2,000 円　│
　　　　　　　　　　　└──────┘　└──────┘　└──────┘

ケース5：配偶者と子が法定相続人
　　　　遺産分割協議をせずに法定相続分にしたがって不動産を
　　　　共有する場合

▼ケース5 登記申請書

登記の目的　　　所有権移転

原　　　因　　　令和2年4月1日相続

相　続　人　　　（被相続人　太田広夫）

> 相続人全員の
> 住所・氏名・持分・押印

　　　　　　　　○○県東西市川坂町423番地2
　　　　　　　　持分4分の2　　　　　太　田　緑　　（印1）
　　　　　　　　○○県東西市楠木町500番地5
　　　　　　　　持分4分の1　　　　桐　生　桜　　（印2）
　　　　　　　　○○県東西市中町1番地9
　　　　　　　　持分4分の1　　　　太　田　昴　　（印3）

　　　　　　　連絡先の電話番号000－0000－0000（太田昴）

添付情報

　　　　　登記原因証明情報（原本還付）

　　　住所証明情報（原本還付）　　　　　評価証明書

令和○年○月○日申請　　○○地方法務局東西支局

> 相続人全員の住民票

課税価格　　　金5，823，000円

登録免許税　　金23，200円

不動産の表示
　　所　　在　　○○県東西市川坂町字諏訪前
　　地　　番　　423番2
　　地　　目　　宅地
　　地　　積　　272・50平方メートル

（収入印紙貼付用台紙）

（割印）――割印は1名が
　　　　　すればよい

収入印紙
20,000円

収入印紙
3,000円

収入印紙
200円

登録免許税につき土地の免税措置が受けられる場合の
記載方法

　登録免許税につき土地の免税措置（租税特別措置法第84条の2の
3第2項）が受けられる場合には、登記申請書の課税価格および登
録免許税を次のように記載します。

（1）登記申請の対象の土地の全部につき免税措置が受けられる場合

（課税価格は記載しない）
登録免許税　　　　租税特別措置法第84条の2の3第2項により非課税

（2）登記申請の対象の土地の一部につき免税措置が受けられる場合

　課税価格　　　金〇〇円

　登録免許税　　金〇〇円
　　　　　　　　一部の土地（後記のとおり）につき租税特別措置法第84条の2の
　　　　　　　　3第2項により非課税

注）課税価格は不動産の価格が100万円以上（1筆あたり）の土地の価格の合計額（1,000円未満
　　切り捨て）
　　登録免許税は課税価格に1,000分の4を乗じた金額（100円未満切り捨て）
　　免税の対象となる土地については、不動産の表示に「租税特別措置法第84条の2の3第2項に
　　より非課税」と附記する。

共有の場合の相続登記手続き

不動産を共有で取得する場合の相続登記は、174ページの書式の登記申請書で行うのが原則ですが、ちょっと不便な場面があります。それは185ページで解説する登記識別情報通知の受領についてです。

登記識別情報通知は不動産の名義人ごとに交付されますので、ケース5の場合、太田緑、桐生桜、太田昴にそれぞれ1通ずつ交付されます。したがって、原則として上記3名がそれぞれ法務局の窓口におもむき、本人確認証明書と登記申請書に押印した印鑑を持参して受領する必要があるのです。通常の手続きでは、3名のうちの代表者に交付することはできません。

そこで、不動産を共有で取得する場合の相続登記では、共有者（相続人）のうち1名を他の共有者の代理人として登記申請手続きをするという方法が考えられます。この方法をとる場合、申請人となる共有者以外の他の共有者の委任状を添付する必要がありますが、委任状の委任事項に「登記識別情報受領に関する権限」を記載しておけば、他の共有者に関する登記識別情報を受領することができます。

この方法をとる場合の登記申請書の記載と委任状の書式を次のページに掲げます。

▼登記申請書（ケース5の一部改変）

```
相 続 人      （被相続人 太田広夫）
             ○○県東西市川坂町４２３番地２
             持分４分の２        太 田 緑
             ○○県東西市楠木町５００番地５
             持分４分の１        桐 生 桜
             ○○県東西市中町１番地９
申請人（相続人兼相続人太田緑及び相続人桐生桜代理人）
             持分４分の１        太 田 昴    ㊞
                          （注）押印は太田昴だけでよい。

             連絡先の電話番号０００－００００－００００

添付情報
             登記原因証明情報（原本還付）   代理権限証明情報  ←追加
             住所証明情報（原本還付）      評価証明書
```

▼委任状

```
                       委  任  状

                  ○○県東西市中町１番地９
                       太  田    昴
       私たちは、上記の者を代理人と定め、下記の権限を委任する。

１．次の登記申請に関するいっさいの権限
    登 記 の 目 的   所有権移転
    原        因   令和２年４月１日相続
    被 相 続 人     太田広夫
    不動産の表示    ○○県東西市川坂町字諏訪前  ４２３番２
                   宅地  ２７２・５０平方メートル

２．登記識別情報を受領する権限  ←（注）登記識別情報の受領にはこの委任事項が必要
３．登録免許税の還付金を受領する権限
４．前各項につき復代理人選任の権限

令和○年○月○日
                  ○○県東西市川坂町４２３番地２
    相続人（委任者）  持分４分の２        太 田 緑   ㊞

                  ○○県東西市楠木町５００番地５
    相続人（委任者）  持分４分の１        桐 生 桜   ㊞
```

ステップⅢ：法務局に申請する

ステップⅠ：相続証明書とステップⅡ：登記申請書が完成したら、いよいよステップⅢ：法務局に申請です。

1 原本還付の必要性とその手続き

(1) 原本還付の必要性

相続登記においては、戸籍謄本等や遺産分割協議書など添付情報は必ず原本を提出しなければなりません。一方、相続証明書は相続登記以外の手続きに使用する必要があったり、後日の証拠として手元に残しておきたかったりなど、原本を返却してほしい場合が多いものです。このときには、**原本還付**という手続きを取ります。

原本還付は、相続登記の申請時（登記申請書と添付情報を法務局に提出するとき）に行わなければなりません。原本還付の手続きを取らずに提出してしまった添付情報について、あとから「やっぱり原本を返してほしい」ということはできません。

(2) 原本還付の手続き

原本還付の手続きは、言葉にしていえば比較的簡単で、次のとおりです。

①原本のコピーを取り、コピーに「原本還付」と赤い文字で書き、その下に黒い文字で「これは原本と相違ない」と書いて、申請人（登記申請書に押印する人）が記名押印（登記申請書の押印と同じ印で）する。

②登記申請時に、原本と上記コピーを同時に法務局に提出する。

③登記の完了後に原本を返却してもらう。

しかし相続登記では相続証明書の通数が多く、上記の方法ではコピーの枚数が多くなるため、ちょっとした工夫が必要となります。

(3) 相続登記の原本還付の手続き

相続登記の原本還付の手続きについて解説します。

まず、相続証明書等について、「コピーグループ」と「原本グループ」の2グループに分けたものを作成します。

コピーグループは、「相続証明書から相続関係説明図と戸籍謄本等を除いたもの全部」のコピーと「住所証明情報の住民票」のコピーです。なお、住所証明情報の住民票は相続登記以外の手続きで相続証明書と一体として使用することが多いので、合わせて原本還付しておきましょう。

コピーグループはその全ページをホチキスで止めて、ひとまとまりの書類とします。そして最初のページに「原本還付」と赤い文字で書き、その下に黒い文字で「これは原本と相違ない」と書いて、申請人（登記申請書に押印する人）が記名押印（登記申請書の押印と同じ印で）します。また、コピーグループの全ページに同じ印で契印（割印）をします。

原本グループは、「相続証明書から相続関係説明図を除いたもの全部」の原本と「住所証明情報の住民票」の原本です。これらは書類の数が多くなるため、バラバラにならないよう全部をホチキスでまとめておきます。そしてこの原本グループは、相続登記の完了後、法務局から返却されます。

コピーグループ

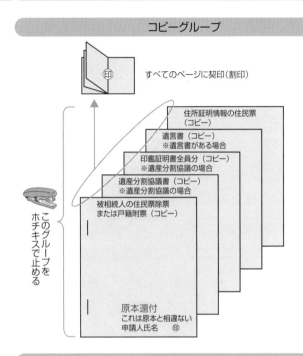

㊞ すべてのページに契印（割印）

このグループを
ホチキスで止める

住所証明情報の住民票
（コピー）

遺言書（コピー）
※遺言書がある場合

印鑑証明書全員分（コピー）
※遺産分割協議の場合

遺産分割協議書（コピー）
※遺産分割協議の場合

被相続人の住民票除票
または戸籍附票（コピー）

原本還付
これは原本と相違ない
申請人氏名　　㊞

原本グループ

このグループを
ホチキスで止める

相続関係説明図を除く
相続証明書原本の全部
＋
住所証明情報の住民票原本

2 登記申請書および添付情報のつづり方

　以上で全部の準備が整いました。登記申請書と添付情報を、法務局に提出できるよう「ひとまとまり」にします。

　登記申請書および添付情報のつづり方は、次のとおりです。

3 法務局に提出

（1）持参の場合

　できあがった登記申請書と添付情報は、管轄法務局の受付窓口に持参して提出します。持参先は、管轄法務局の支局・出張所も含めた正しい窓口としてください。例えば、前橋地方法務局「本局」に申請すべき登記申請書を前橋地方法務局「高崎支局」に提出したらダメです。管轄違いの申請は、直ちに却下となります。書類を「転送する」という対応はしてくれません。法務局の管轄は、法務局ホームページなどでよく確認してください。

　受付窓口では、ほとんど書類の確認はしません（収入印紙が貼ってあるかどうかくらいはチェックするかもしれません）。単に書類を受け取り、「何か（不備が）あったら連絡します」というだけです。そして実際に不備があったときには、電話連絡があり、次に説明する補正等で対応することになります。

FIGURE 39 登記申請書と添付情報のつづり方

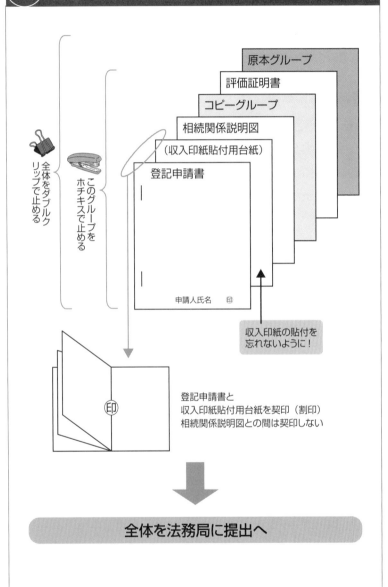

原本グループ

評価証明書

コピーグループ

相続関係説明図

（収入印紙貼付用台紙）

登記申請書

申請人氏名　㊞

全体をダブルク
リップで止める

このグループを
ホチキスで止める

収入印紙の貼付を
忘れないように！

登記申請書と
収入印紙貼付用台紙を契印（割印）
相続関係説明図との間は契印しない

全体を法務局に提出へ

(2) 郵送の場合

完成した登記申請書および添付情報は、郵送で提出することもできます。この場合も管轄法務局（支局・出張所も含め）に送らなければ却下となりますので、ご注意ください。

郵送の場合、必ず**書留郵便**かそれと同等の送付方法で送らなければなりません。レターパックプラス(赤)は大丈夫ですが、レターパックライト（青）は不可です。郵送封筒またはレターパックの表面には「不動産登記申請書在中」と記載します。管轄法務局の住所は、法務局のホームページなどで調べます。

4 補正と取下げ

(1) 補正とは

登記申請書や添付情報に間違いがあったときでも、その間違いが訂正・修正可能なものあるときには訂正・修正することができます。この訂正・修正の手続きを**補正**といいます。

提出した登記申請書や添付情報に補正すべき間違いがあった場合、法務局から電話で「補正してほしい」旨とその内容の連絡がありますので、その指示に従って補正を行います。

補正は、原則として登記申請した法務局に直接出向いて、その訂正・修正作業を行う必要があります。このとき本人確認書類および登記申請書に押印した印鑑が必要になることが多いので、忘れずに持参してください。ただし、単に添付情報が不足していた（添付し忘れていた）ような場合には、不足書類を郵送するだけの対応で補正が可能なこともあります。

いずれにせよ、補正への対応は面倒なことが多いです。初めから間違いのない登記申請書および添付情報を提出することに越したことはありません。

(2) 取下げとは

　登記申請書や添付情報に間違いがあり、もはや補正が不可能なときは、登記申請書の**取下げ**を行います。また、いったん行おうとした登記申請を中止するときにも取下げが行われます。

　登記申請の取下げは、**取下書**を提出して行います。このとき、登録免許税として納付した（貼り付けた）収入印紙は、法務局の消印で使用できなくなっていますので、**再使用証明**をもらって再び使用できるようにしておくのが一般的です。

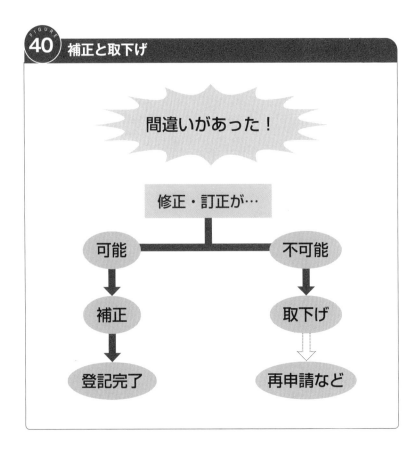

FIGURE
40 補正と取下げ

間違いがあった！

修正・訂正が…

可能　　　　　　　　　　不可能

補正　　　　　　　　　　取下げ

登記完了　　　　　　　　再申請など

ステップⅣ：登記識別情報等を受領する

相続登記は法務局に登記申請書と添付情報を提出して終わりではありません。登記申請手続きの完了後にも大切な手続きが残っています。

1 完了予定日

登記申請書と添付情報を法務局に提出しても、相続登記はその場で完了するわけではありません。法務局による登記申請書および添付情報の審査を経て、登記記録にその内容を記録する必要があるため、一定の期間を要することになります。

登記の完了予定日は各法務局の窓口で表示されていますので、相続登記の申請書等の提出時に確認しておきます。また各法務局では、ホームページでも登記完了予定日を公表しています。ただし、あくまでも完了「予定日」なので多少の遅れが生じることもあります。補正があった場合などには、大きく遅れることもあります。

2 登記識別情報通知の交付

相続登記が完了すると、不動産を取得した相続人（相続登記の申請人となった相続人）に**登記識別情報**が通知されます。この通知は、**登記識別情報通知**という書面を交付（手渡し）することで行いますので、登記完了後に登記申請書等を提出した法務局の窓口におもむき書面を受領します。その際、運転免許証など本人確認証明書と登記申請書に押印した印鑑が必要になりますので、忘れずに持参してください。

FIGURE 41 登記識別情報

登記識別情報通知の例

登記識別情報通知

次の登記の登記識別情報について、下記のとおり通知します。

【不動産】
東西市東西市川坂町字諏訪前４２３番２の土地

【不動産番号】
０００００００００００１

【受付年月日・受付番号（又は順位番号）】
令和〇年〇月〇日受付第〇〇〇〇号

【登記の目的】
所有権移転

【登記名義人】
〇〇県東西市中町１番地９
太田昴

(以下余白)

＊下線のあるものは抹消事項であることを示す。

令和〇年〇月〇日
〇〇地方法務局東西支局

登記官　　　　　　　　　　　　法　務　太　郎

〇〇地方
法務局東
西支局登
記官之印

袋とじによる目隠し

袋とじによる目隠しを
開封すると登記識別情報
（英数字12桁の記号番号）
が記載されている

記
登 記 識 別 情 報

| G | R | 8 | － | Y | K | N | － | 3 | 4 | W | － | Q | Q | 5 |

QR
コード

　登記識別情報通知は次のページの見本のとおりです。下部に袋とじによる目隠しがしてあり、これを開封すると「GR8-YKN-34W-QQ5」というようなランダムな英数字の羅列が記載されています。この12桁の記号番号が登記識別情報の正体です。

　登記識別情報は、今後行う登記申請（例えば、相続により取得した不動産を売却するときなど）において、不動産の売主が「所有者本人であることの証明」として求められるものです。非常に重要な記号ですので、登記識別情報通知を紛失しないよう大切に保管してください。また、袋とじによる目隠しはむやみに開封しないよう管理してください。

　なお、登記完了のときから3か月を経過すると、登記識別情報通知（およびこの後に説明する**登記完了証**）の交付を受けることができなくなりますので、十分にご注意ください。登記識別情報通知（および登記完了証）は、再交付を受ける方法はありません。

3 登記完了証の交付

　不動産を取得した相続人（相続登記の申請人となった相続人）には、登記識別情報通知の交付と同時に登記完了証が交付（手渡し）されます。登記完了証は、文字どおり登記が完了したことを伝えるもので、登記識別情報とは異なり登記完了証そのものを後の登記手続きで使用することはありません。

登記完了証（書面申請）

次の登記申請が完了したことを通知します。

申請受付年月日	令和○年○月○日	
申請受付番号	第○○○○号	
登記の目的	所有権移転	
登記の年月日	－	
不動産	土地	不動産番号　0000000000001
		東西市川坂町字諏訪前　423番2
		宅地
		272・50平方メートル

(注) 1　「登記の目的欄」に表示されている内容は，「不動産」欄の最初に表示されている不動産に記録された登記の目的です（権利に関する登記の場合に限ります。）。

2　「登記の年月日」欄は，表示に関する登記が完了した場合に記録されます。

3　「不動産」欄に表示されている不動産のうち，下線のあるものは，登記記録が閉鎖されたことを示すものです。

4　この登記完了証は，登記識別情報を通知するものではありません。

以上

令和○年○月○日
○○地方法務局東西支局

登記官　　　　　　　　　　法　務　太　郎

○○地方
法務局東
西支局登
記官之印

4 郵送による交付を求める場合

　上記のとおり、登記識別情報通知および登記完了証は、登記申請書を提出した法務局の窓口で交付（手渡し）を受けるのが原則です。しかし、登記申請書に「送付の方法による交付を希望する」旨を記載すれば、登記識別情報通知および登記完了証ともに、郵送等の方法で交付を受けることができます。

　具体的には、登記申請書の末尾（164ページの登記申請書書式の⑩の箇所）に次の記載をします。

> 登記識別情報通知及び登記完了証は送付の方法により交付を希望します。
> 送付先「申請人の住所」

　この送付先は、個人の場合、送付を受ける者（申請人または受領権限のある申請代理人）の「住所」に限ります。送付方法は本人限定受取郵便によることが必要で、郵便料金を登記申請書とともに切手で法務局に提出します。

　郵便料金の金額は重量等によって変わりますので、法務局または郵便局にお問い合わせください。

5 原本還付の請求をした原本（原本グループ）の返却

　登記識別情報の交付の際に、原本還付の請求をした原本（180ページの原本グループ）も同時に返却されます。登記識別情報等について郵送による交付を求める場合には、原本は登記識別情報等に同封して郵送で返却されます。

6 登記事項の確認

　最後に、相続登記を申請した不動産の全部事項証明書または登記情報提供サービスによる登記情報を取得して、登記事項に間違いがないか確認しましょう。まれに法務局による記載ミスもあります。

　また、相続登記をした後の全部事項証明書を官公庁・金融機関等に提出する必要がある場合もありますので、必要な通数を取得します。

FIGURE 43　登記事項の確認

権　利　部　（甲区）　　（所　有　権　に　関　す　る　事　項）			
順位番号	登　記　の　目　的	受付年月日・受付番号	権　利　者　そ　の　他　の　事　項
1			（記載省略）
2	所有権移転	平成２１年２月２５日 第１００１号	原因　平成２１年２月２５日売買 所有者　○○県東西市川坂町４２３番地２ 　　　太　田　広　夫
3	所有権移転	令和４年４月１日 第２００１号	原因　令和２年４月１日相続 所有者　○○県東西市中町１番地９ 　　　太　田　昴

登記申請書のとおり
登記されているかよく確認する！

CHAPTER

4

相続登記Ｑ＆Ａ

　本節では相続登記を行うにあたりつまずきやすい点について、Ｑ＆Ａ形式で解説します。実際に手続きを進める中で疑問が生じたときなどに、ご活用ください。

祖父名義の土地の相続登記は
どうすればいい？

Q
　今年父が死亡したため相続登記をしようと土地の全部事項証
明書を取得したところ、父の名義ではなく40年前に死亡した祖
父の名義となっていました。父の代では相続登記をしなかった
ようです。この場合、どのように手続きを進めたらよいでしょ
うか？　なお、祖父の遺言書はありません。

A　数次相続は手続きのハードルが高く専門家に相談しない と難しい

　ご質問の件では、まず祖父を被相続人とする相続があり、その手
続き（遺産分割協議等）をしないうちに父を被相続人とする相続が
開始しています。このように未解決のまま何代かにわたって連続し
て生じている相続を**数次相続**といいます。数次相続は「相続の後、
相続人にさらに相続が生じている」という場合であり、代襲相続と
は異なりますのでご注意ください。

数次相続が生じている場合、まずは初めの相続について法定相続人を確定し、順次その後の相続に関する法定相続人を確定していく必要があります。祖父が死亡したとき、法定相続人はあなたの父と父の兄弟姉妹（あなたの「おじ・おば」）だったはずです（本件では理解しやすくするため、配偶者を無視して話を進めます）。その後、あなたの父が死亡したことで、父の法定相続分はあなたとあなたの兄弟姉妹が承継しました。さらに、祖父の死亡後、おじ・おばが死亡していれば、それらの法定相続分をおじ・おばの子（あなたの「いとこ」）が承継しています。さらにまた、いとこの中に死亡した人がいる場合には、その子（複数いれば全員）が承継します。「ねずみ算」という言葉がありますが、法定相続人の範囲はどんどん広がり、かなりの人数になっているものと予想されます。

　これらの数次にわたる法定相続人の全員が合意し、遺産分割協議書に署名捺印（および印鑑証明書の交付）をしてくれれば相続登記は可能ですが、ハードルは高いものと思います。必要な戸籍謄本等についても、祖父および父の出生から死亡までのものを取得するのは比較的簡単でも、おじ・おばになるといとこの協力がなければ難しくなってきます。遺産分割協議の進め方や遺産分割協議書の書き方にも工夫が必要です。

　このように、数次相続の場合の相続登記はさまざまな問題がありますので、まずは司法書士や弁護士などの専門家にご相談することをお勧めします。

数次相続の相続人

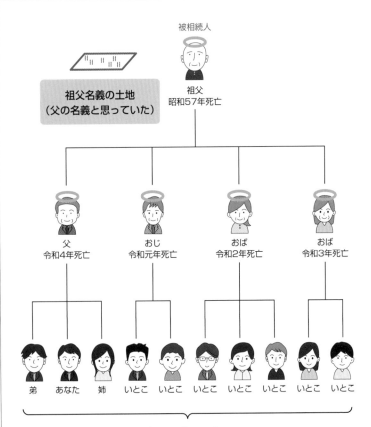

被相続人

祖父名義の土地
（父の名義と思っていた）

祖父
昭和57年死亡

父
令和4年死亡

おじ
令和元年死亡

おば
令和2年死亡

おば
令和3年死亡

弟　あなた　姉　いとこ　いとこ　いとこ　いとこ　いとこ　いとこ　いとこ

相続登記をするにはこの全員の合意が必要

戸籍謄本等の交付申請書は どうやって書けばいい？

Q　相続登記のため戸籍謄本等の取得をしようと思っているのですが、交付申請書には本籍と筆頭者の氏名を書く必要があります。被相続人の出生したときの本籍や筆頭者などはよくわかりません。どのように書いたらよいのでしょうか？

A　被相続人の死亡時の本籍および筆頭者を書いて まとめて申請する

　被相続人の出生から死亡までの記載のある戸籍謄本等を取得しようと思っても、必ずしも第3章で掲げた例のような戸籍になるとは限らず、人によって戸籍の種類も通数も異なります。しかし、被相続人の「死亡」の記載がある戸籍謄本等については誰でも1つであり、本籍や筆頭者もわかりやすいでしょう。戸籍謄本等の交付申請書には、被相続人の死亡時の本籍および筆頭者を記載し、余白部分に「○○（被相続人の氏名）について出生から死亡までの記載がある戸籍謄本等の全部各1通」と付記して申請します。このように、1人の者についてある程度まとめて交付申請することが可能です。

ただし、人の一生のうちには転籍（本籍を移動すること）や新戸籍の編製などで本籍の所在地が変わることもあり、死亡時の本籍と異なる市区町村に本籍があった時期の戸籍謄本等については、死亡時の本籍があった市区町村役場では取得できません。その場合には、役所窓口で「この役所ではここまでしか取得できません。これより前の（昔の）戸籍謄本等は○○市役所で取得してください」と教えてくれると思います。

　コツとしては、必ずしも全部いっぺんに取得しようとせず、取得できるものから取得して、次の交付申請のときにすでに取得できた戸籍謄本等を資料として提示することです。申請窓口で戸籍謄本等を見せて、「これより前で、○○の出生からの戸籍謄本等がほしいのです」と説明すれば、役所の方でも間違いが少なく済みます。郵送で交付申請するときにも、すでに取得した戸籍謄本等があればそのコピーを資料として同封し、取得したい戸籍謄本等の指示を書いておくとよいでしょう。

FIGURE
2 戸籍謄本等の交付申請のコツ

・全部いっぺんに取得することにこだわらず、取得できるものから取得する

・すでに取得した戸籍謄本等を資料として提示する

・郵送で申請する場合にはコピーで資料を同封する

CHAPTER 4-3 姉の戸籍謄本等はどうやって取得すればいい？

Q 父が死亡し相続登記を行いたいと考えていますが、姉は父よりも先に死亡しており、おいが代襲相続人です。必要な戸籍謄本等を取得しようとしましたが、父については取得できたものの、姉については役所の窓口で委任状がなければ取得できないといわれてしまいました。どうしたらよいでしょうか？

A おいに取得してもらうのが現実的

戸籍謄本等（住民票等も含む）は個人情報の塊のような書類ですので、市区町村役所もその交付に慎重です。そのため、交付申請にあたっては本人確認書類の提示を求められるほか、本人以外の戸籍謄本等を取得する場合には、相続関係を証する他の戸籍等の提示を求められることもあります。

ご質問の場合、被相続人である父の戸籍謄本等および自分の戸籍謄本を先に全部取得し、それらを提示し使用目的を明らかにして交付申請すれば、姉の戸籍謄本等を取得することも不可能ではありません。しかしながら、役所の担当者に納得してもらうための知識や説明力も必要なので、一般の方にはやや難しいものがあります。

現実的にはおいに協力してもらって、姉の戸籍謄本等を取得してもらう方が簡単に済むでしょう。おいにとっては死亡した母の戸籍謄本等になりますので、比較的簡単に取得することができます。ただし、おいが姉の本籍から遠く離れて住んでいる場合には、それも難しくなります。

　どうしても戸籍謄本等の取得が難しい場合には、次のQ&Aのとおり、司法書士等に法定相続情報の取得を依頼する方法があります。

役所では戸籍謄本等の交付に慎重です。
①資料を提出して説明する
②その戸籍謄本等を取得しやすい
　人に取得してもらう
などの対応が必要です

司法書士に戸籍謄本等の取得だけ お願いできないか?

Q

　本書を読んで相続登記を自分でしてみようと思っていますが、登記申請書はなんとかなるものの、戸籍謄本等の取得は難しそうです。報酬を払ってでも、戸籍謄本等の取得だけ司法書士に依頼できないでしょうか?

A 法定相続情報一覧図の作成および保管の申出を依頼する

　司法書士など「士業」は、職務上戸籍謄本等を取得する必要があり、その場合には特別な請求用紙を使用することで、他人の戸籍謄本等（住民票等を含む）を取得することができます。ただし、その請求用紙を使用することができるのはあくまでも職務（相続登記の申請など）を遂行するうえで必要な場合に限られ、相続登記の申請は委任しないが「戸籍謄本等だけ取ってほしい」という依頼を受けるのは、やや難しいものがあります。戸籍謄本等の取得そのものは、職務になりにくいのです。

この場合、司法書士に法定相続情報一覧図（57ページ）の作成および保管の申出を依頼するとよいです。司法書士は、依頼を受けて「法定相続情報一覧図の作成および保管の申出」という職務を遂行するために、戸籍謄本等の職務上請求ができるからです。

　司法書士に依頼して取得した法定相続情報一覧図の写し（法務局の認証付き）は、相続登記の手続き等において、被相続人の戸籍謄本等および法定相続人の戸籍謄本（または抄本）の代わりとして使用できます。つまり、いったん法定相続情報一覧図の写しを取得してしまえば、その1枚を提出するだけで戸籍謄本等を「束にして」を提出しなくても用が足りるということです。

×戸籍謄本等の取得
ではなく
○法定相続情報一覧図の作成
　および保管の申出
を依頼しましょう

被相続人の戸籍謄本等は12歳程度からの記載があるものでいい?

Q

　相続登記の書籍を読んでいると、被相続人等の戸籍謄本等は「出生からの記載が必要」と書いてあったり、「12歳程度からの記載があればよい」と書いてあったりします。どちらが正しいのでしょうか?

A 原則は出生からの記載が必要、結果的に12歳程度からの記載になるのはよい

　被相続人の戸籍謄本等は、すでに何度も説明したとおり「出生から死亡までの記載があるもの」が必要です。しかし、それは法定相続人である子の全員を確定するために必要なものですから、理屈からいえば生殖年齢(12歳程度)以下の時期の戸籍謄本等は要らないことになります。

　ただし、みながみな、そういうわけにはいかないのです。

　確かに、出生の後、何らかの理由で12歳以下の年齢のときに別の戸籍に入籍した人であれば、出生時と12歳時の戸籍謄本等が別々になり、12歳時以降のものがあれば出生時のものは不要という結果にはなります。けれども、それはあくまでも結果論です。

　出生の後、婚姻による新戸籍の編製まで同じ戸籍のままであった人であれば、どうしても出生からの記載がある戸籍謄本等が必要となります(12歳では戸籍を切れません)。出生の後、例えば15歳の時に別の戸籍に入籍した人であれば、出生時と15歳時の戸籍謄

本等は別々になりますが、12歳で戸籍を切ろうと思っても切れず、やはり出生からの記載があるものが必要となります。

　一般的に、被相続人についてどこで戸籍が異動となっているかはわからないものです。したがって、あくまでも原則どおり、出生から死亡までの記載のある戸籍謄本等を取得するようにしてください。そして、結果的に12歳以下で戸籍が切れている場合には、出生時の戸籍謄本等は必須ではないということです（その場合に、あくまでも出生までの記載のある戸籍を取得することに問題はありません）。

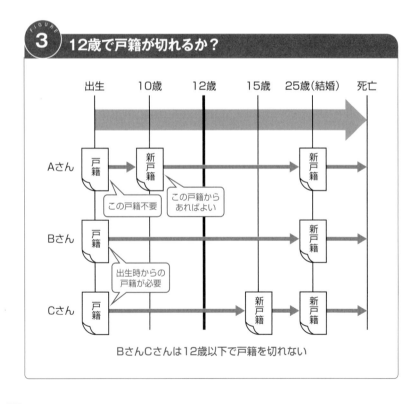

法定相続人の中に認知症の人が
いる場合の遺産分割協議は
どうすればいい？

Q
　母が死亡し、父と兄と私が法定相続人です。ところが、父は認知症で日常的な判断能力もなく、遺産分割協議をすることができません。兄と私の間では遺産分割協議の内容を合意しています。父の実印は私が預かっており、印鑑証明書も取得できるので、父を代筆して遺産分割協議書に署名捺印するのではダメでしょうか？

A　成年後見人を選任して遺産分割協議をする

　遺産分割協議は法定相続人の意思に基づいて行わなければなりません。そうすると、意思能力がない法定相続人は遺産分割協議自体ができません。当然のことながら、法定相続人の家族・親族が合意しているからといって、それでよいわけではありません。本人に成り代わって署名捺印し、印鑑証明書を使用するなど言語道断、場合によっては犯罪となります。

意思能力のない法定相続人に成年後見人が選任されている場合には、成年後見人を法定代理人として遺産分割協議をすることができます。現に成年後見人が選任されていない場合には、これから選任することも可能です。実際のところ、遺産分割協議を行うことを契機・目的として、成年後見人の選任にいたることも多くあります。

　もっとも、現実的な解決方法として、あえて遺産分割協議を急いで行わないという選択をすることもあります。ご質問のケースで、あなたと兄のほかに父の子がいなければ、父の死亡後はあなたと兄との合意で（母の財産も含めて）遺産分割協議をすることが可能となります。母の財産について、わざと数次相続にしてしまうということです。

　ただし、ほかに父の子がいると問題がより複雑化することがありますし、母の財産を急いで相続したい場合（父の介護費用にあてたい場合など）には、そうのんびりしていられないこともあります。

4 **法定相続人に意思能力がない場合の対応**

①成年後見人を法定代理人として遺産分割協議を行う

②父の死亡後まで、あえて遺産分割協議を先のばしする

・父に他の子がいる場合 ⎫
　　　　　　　　　　　　　⎬ 難しい
・急いで相続したい場合 ⎭

遺言書が2つ出てきた場合 どうすればいい？

Q

　父が死亡し、私が父から預かっていた遺言公正証書を兄弟に見せたところ、弟は別の自筆証書遺言書を父から預かっており、先日家庭裁判所で検認の手続きも行われました。検認の結果、自筆証書遺言書の方式には問題がないようです。遺言書の日付は、遺言公正証書は平成20年1月15日、弟の預かっていた自筆証書遺言書は令和元年5月10日です。両方の遺言書の内容は多少違っており、いくつかの不動産については相続させる相続人の指定が異なります。また、遺言公正証書には書かれているが自筆証書遺言書には書かれていない事項もあります。この場合、どちらの遺言書に従うべきなのでしょうか？

A　原則として遺言書の日付が後の自筆証書遺言書が優先

　遺言書は、方式に不備がない限り、後に作成された遺言書に書かれていることが優先となります。遺言公正証書と自筆証書遺言書との違いで優劣が決まるわけではありません。

本件では自筆証書遺言書の方が明らかに後に作成されており、こちらに書かれていることが優先です。相続させる相続人の指定が異なる不動産については、自筆証書遺言書にしたがって相続します。ただし、遺言公正証書には書かれているが自筆証書遺言書には書かれていない事項については、原則として遺言公正証書の内容が「生きている」と考えるべきです。もっとも、自筆証書遺言書に「前にした遺言は全部撤回する」などとの一文があったら、遺言公正証書は全部の効力を失います。

　このように、遺言書の優劣は作成の前後関係によるのが原則ですが、自筆証書遺言書については、「本当に本人が書いたのか？」「誰かが強引に書かせたのではないか？」などの紛争を生じることもあり、簡単に前後関係で決着できない場合もあります。当然のことながら、誰かが遺言者本人になりすまして書いた遺言書は無効です。

　なお、家庭裁判所による遺言書の検認は、「検認の日現在における遺言書の内容（形状、加除訂正、日付、署名など）を明確にして、遺言書の偽造・変造を防止するため」に行われる手続きとされ、遺言書の有効・無効を判断するものではありません。

相続登記は誰に依頼すればよいのか？

Q

いろいろ検討してみましたが、やはり相続登記は専門家に依頼したいと考えています。近ごろ「相続」をうたい文句にする事業者の広告をたくさん見かけますが、そういう事業者に頼んでよいのでしょうか？　依頼する先を見分けるポイントはあるのでしょうか？

A　相続登記は司法書士に依頼してください

「相続はカネになる」といわんばかりに、それを宣伝する事業者が増えています。しかし、相続登記の相談・依頼は、必ず**司法書士**にしてください。相続に関しては相続登記以外にも、相続税申告、遺産分割調停・審判を専門家に依頼するケースが多いでしょう。相続税申告は**税理士**に、遺産分割調停・審判は**弁護士**に、それぞれ相談・依頼してください。

相続登記、相続税申告、遺産分割調停・審判を著者は「相続の3大手続き」と呼んでいますが、これら3大手続きは法律上の独占業務です。司法書士、税理士、弁護士以外の者が受託することは法律違反となる恐れがあります。広告を見るときには、事業者が保有する資格についてよくご確認ください。

少し注意していただきたい士業や事業者もいます。

まずは行政書士。相続に関して、行政書士は遺産分割協議書の作成等の業務を行うことはできますが、3大手続きについては一切関与できません（相談も受けられません）。遺産分割協議書については、弁護士は当然にそれを作成する権限がありますし、司法書士・税理士も職務に関連して作成する権限があります。したがって、遺産分割協議書の作成だけを独立して行政書士に依頼する必要性は、あまり高くないように思います。

　不動産業者（宅地建物取引業者）の中にも「相続」を宣伝文句とする事業者がいます。しかし、不動産業者はその資格において、相続に関する手続きを3大業務のみならず一切受託することができません。相続を契機として不動産の売買につながることもあり、そのニーズを否定するものではありませんが、看板に「相続」を掲げてまで集客を図るのはミスリーディングであり、問題です。不動産業者の出番は、あくまでも相続登記が終わった「後」に不動産を売買する必要のあるときです。

　近ごろ相続に関して、相続士・相続診断士などの民間資格が多く誕生しています。これら相続士・相続診断士などは、相続に関する具体的な事案（特に3大手続きに関する問題）について相談を受けることはできませんし、手続きを受託することもできません。

　ファイナンシャルプランナー（FP）の中にも、相続税の節税対策などについて雑誌等の記事を書いている人を見かけることがありますが、個別の顧客に対して具体的な税額計算（税理士業務）を行うことはできません。

FIGURE 5 相続に関する専門家・事業者

資格名	職務（相談を含む）の内容
司法書士	○相続登記
税理士	○相続税申告
弁護士	○遺産分割調停・審判 ○相続に関する法律問題全般
行政書士	○遺産分割協議書の作成 ×3大手続きは一切できない
不動産業者 （宅地建物取引業者）	○不動産の売買等の媒介 ×相続に関する手続きは一切できない
相続士・相続診断士 など民間資格	○相続の一般的知識の説明など ×具体的な相続事案（特に3大手続き） 　の相談・受託はできない
ファイナンシャル プランナー（FP）	○ライフプランニング、資産運用に 　関する一般的相談など ×具体的な相続事案（特に3大手続き） 　の相談・受託はできない

CHAPTER 4 相続登記Q&A

209

索引

●著者紹介

岡住 貞宏(おかずみ さだひろ)

1967(昭和42)年、群馬県富岡市生まれ。1990(平成2)年、慶應
義塾大学法学部法律学科卒。司法書士・行政書士。群馬司法書士会所
属・群馬県行政書士会所属。元・群馬司法書士会会長、元・日本司法
書士会連合会理事。著書に『図解ポケット 不動産登記手続きがよくわ
かる本』(秀和システム)、『いちばんやさしい株式会社の議事録作成全
集』(自由国民社)。

●本文イラスト

まえだ たつひこ

図解ポケット
令和6年義務化に対応!
相続登記手続きがよくわかる本

発行日	2023年 1月10日	第1版第1刷
	2024年 7月17日	第1版第6刷

著　者　岡住　貞宏

発行者　斉藤　和邦
発行所　株式会社　秀和システム
　　　　〒135-0016
　　　　東京都江東区東陽2-4-2　新宮ビル2F
　　　　Tel 03-6264-3105(販売) Fax 03-6264-3094
印刷所　三松堂印刷株式会社

ISBN978-4-7980-6856-5 C0032